水月

系列

水月

系列

伊如陽光
Amazing Grace

李憶慧——

著

推薦序／面對生命的蔭谷 仍然懷抱希望　　嚴長壽　4

　　　　　正向激勵 達觀渾然天成　　　　　閣　雲　8

　　　　　伊瑩的恩典　　　　　　　　　　何日生　13

序　曲／翩翩如蝶　　　　　　　　　　　　　　22

PART
1　【獨奏曲】人間有愛

青青河畔草　　　　　　　　　　　　　40

學子吟　　　　　　　　　　　　　　　50

善的吸引力　　　　　　　　　　　　　65

大學年華　　　　　　　　　　　　　　74

PART
2　【協奏曲】讓愛傳出去

緣起緣滅　　　　　　　　　　　　　　102

最親的人　　　　　　　　　　　　　　114

千里相會　　　　　　　　　　　　　　125

無情有情　　　　　　　　　　　　　　134

傳遞大愛　　　　　　　　　　　　　　141

PART 3 【合奏曲】在第六對相遇

無常倏至   158

心靈資糧   168

骨髓移植   174

休息修習   184

PART 4 【安眠曲】Beautiful dreamer

復發驚噩   200

最後一夜   211

生命可以寬廣   218

美的回憶   227

乘願再來   232

伊如陽光   239

附　錄／危機・契機・轉機   陳慈舜   246

生有涯而愛無涯   歐濟修、陳慈舜   274

禮讚與感恩   314

【推薦序】

面對生命的蔭谷 仍然懷抱希望

／嚴長壽

　　認識憶慧的人都知道，她很早就跟隨證嚴法師行慈濟志業，逾三十年投身各種利他的社會救助工作，不僅影響了許多企業家一起投入、布施，她的女兒慈舜也在大學時加入慈濟，積極參與國際賑災等活動，甚至在遭受重大的人生打擊時，仍走入美國卡崔娜風災後發放的地方，提供災民們溫暖無私的支持。

　　但人生難以預料，慈舜以三十六歲的英年，因癌症離世。

　　以憶慧對慈濟事務貢獻之深，為何必須承受喪女之痛？慈舜如此優秀善良，卻遭遇病痛早逝，不禁令人抱憾不平：長年為善者為何仍須受此磨難？但這也引發我們更深一層地思考：人生在世，無常相伴，並不因行善而能免除塵世之苦，更不可能自外於眾人皆須面臨的苦

難，甚至也有機會遭遇更大的考驗。

　　一般人遭遇病痛時，經常會自問，「為什麼是我？」但也可以轉念，「為什麼不是我？」更重要的是，在考驗來臨時，我們用什麼方式面對？

　　慈舜在病後未曾哀怨，反而在日記中寫著，「將此後生命的每一天，都用來助人。」甚至在病中體悟，「如果不是罹患癌症，我不會成為慈濟的職工，為崇高的目標奉獻生命……不管發生什麼，都會讓我變得更好、更有智慧。」

　　我常常想，人生在世，總應盡一己之力，為這個社會奉獻。即使沒有上帝看著、也沒有來生的許諾，只要當為，就不需要計較得失。而宗教也是其中一種驅動人們，懷抱無私情懷、捨己為人的重要因素。很多人就因為憶慧的邀請，讓這個社會增加了許多正向的能量。

　　儘管有宗教的支持，作為母親，眼見愛女受苦，憶慧的傷痛仍難以言喻。在慈舜走後，證嚴法師來到助念堂前，轉身跟憶慧說了一句：「生出來了！」讓生者從

最深沈的痛苦中解脫，憶慧深信愛女已經自由自在，並且如法師所說「快去快回」，再次回到這個美麗的世界。

我想，宗教回答了人們對生命的許多不解，安撫了人們面對死亡的恐懼，進一步轉化傷痛，成就大愛。慈舜在生前就選擇捐出大體，作為醫學研究。當時憶慧也坐在解剖室門外念佛，她說，媽媽的聲音，會讓女兒更安心堅強。

憶慧與慈舜這一對母女，影響了很多人，包括慈舜的瑞典籍夫婿，從喪妻的傷痛中站起之後，也投入了慈濟的工作。

當我們面對生老病死時，如果以絕望面對人生，那是無比痛苦的深淵，我想，世上許多宗教的共通點，就是讓我們在憂患中，仍然懷抱著對世界與生命的希望、對於堅強生活下去的希望。

憶慧在慈舜走後，穿上她生前的襪子，「讓女兒仍有機會可以溫暖親娘的腳，增一分孝順的善業。」她也提醒自己，「提起正念，用祝福取代悲傷。」

　　以此文紀念一位早逝卻堅強慈悲的生命，但不用懷著悲傷，因為以她的信仰，早已開朗踏上另一段精彩的生命旅程。

（本文作者為公益平臺文化基金會董事長、臺東縣私立均一高級中等學校董事長）

【推薦序】
正向激勵 達觀渾然天成

／閻雲

Grace 是我在美國行醫生涯中，最後一位骨髓移植的病人。因此，對我來說感受至為深刻。

二〇一一年初，我接受臺北醫學大學徵召，即將回臺擔任校長之際，憶慧的女兒 Grace，突然發生全身性紫斑、牙齦出血、發燒等癥兆。對血液腫瘤科醫師來說，這些無疑是最典型的血癌症狀。

Grace 迅速接受檢測，確診罹患血癌後，接受積極化學治療。由於她罹患的血癌類型，最終仍需要骨髓移植，因此，很快便啟動骨髓移植配對。

證嚴法師於一九九三年領導建立的慈濟骨髓庫，至今嘉惠全球無數眾生。Grace 與父母皆積極參與慈濟活動，也是骨髓勸髓志工，正由於這樣的因緣，全家對骨髓移植皆有正確的認知；從骨髓庫中的志願捐髓者變成

受贈者，對 Grace 來說是極大的衝擊，卻轉化為另一種非常正向的激勵。

Grace 在罹患血癌的前兩年，曾因腮腺癌醫治後康復，雖然病痛接踵而至，但面對生死，她十分達觀，因此成就了無數小奇蹟。

Grace 從 UCSD（加州大學聖地牙哥分校）畢業後，又攻讀法學成為律師，但她不甘於只做一個律師，更投入慈濟，協助非營利事業，不領任何薪水，協助慈濟處理法律事務、創立電子報擔任總編輯、致力翻譯工作，並組年輕人合唱團，是一位充滿陽光正向的年輕人。

萬萬沒想到多年之後，Grace 自己竟罹患血癌，需骨髓移植。即便如此，她依舊達觀，從身為醫師的我眼中看來，她這種達觀完全渾然天成。

Grace 接受化學治療後反應良好，為了隨後的骨髓移植，我們從慈濟骨髓庫中進行配對，並且也對親人檢驗，很驚訝地發現她的兩位弟弟都是合適的捐贈者。

得知這結果後，我們與他們進行非常坦然的討論，

兩位弟弟都毫無遲疑地同意捐贈骨髓給姊姊，但只需要
一位捐贈者，那麼該選誰呢？

　　兩位弟弟當中一位抽菸、一位不抽菸，由此看來老
天爺已做決定。而且抽菸的弟弟身材較為圓潤，我們希
望捐贈者身體能夠愈健康愈好，但抽菸仍是主要的決定
關鍵。

　　除此之外，兩位皆是男性，十分適合捐贈給女性，
我們希望捐贈者與受贈者有性別上的差異。

　　一個家庭中有三個小孩，能夠有一個配對相符，已
相當了不得了，而 Grace 家中居然有兩個成員完全符合，
在急需骨髓移植的狀況下，無疑受到上天的眷顧。

　　當醫師們為 Grace 治療時，很快就感受到她面對病
魔時，所展露的無比堅強與勇氣。

　　對血癌患者來説，化學治療是難以承受的煎熬，何
況在多次感染及化療副作用之下，Grace 屢屢展現非凡
的抗癌毅力。

　　更重要的是，她的父母與兩位弟弟皆抱持一樣的正

面態度與決心，真是難能可貴的一個家庭。

隨後，Grace 的治療面臨一個新的挑戰，那就是她在知道自己的疾病對醫師來說，是很棘手的問題時，她就想回臺灣。

我們安排她在適當的狀況下回臺，並事先在臺灣做好所有骨髓移植的準備工作。Grace 整個骨髓移植過程堪稱順利，我也從美國回到臺灣。

遺憾的是，移植手術完成一年後，Grace 的血癌仍不幸復發，難以控制。

雖然我們採取最新的治療方法，並給予新型藥物來搶救，病情受到暫時的控制，但是反覆感染的問題卻無法解決，雖然極力搶救，最後醫護人員也只能放手。

值得一提的是，Grace 在罹患血癌前，正是全心投入慈濟時，與交往的外國男友 Johan（友涵）結婚了！Johan 和她一起參與慈濟活動，後來向她求婚，舉行了一個簡單的婚禮。

我們都期待在加護病房的 Grace，有一天能夠好起

來，即使知道機會不大，Johan 也把握 Grace 還健在的每分每秒。Grace 臨終時，醫師們都做好了心理準備，她全家人皆坦然以對，真是何其不凡的家庭！

古語有云：「未知生，焉知死。」生死相依，唯有無懼死亡的人，才懂得珍惜得之不易的人生數十載，修德積善，追尋實踐對世界有意義的事，扶助渴求的蒼生。

Grace 放棄世俗追求的高薪工作，加入慈濟救世的行列，坦然面對生死、病痛與治療，她達觀的人生態度，與她無私付出的家人，在在向我們演示寶貴的人生意義與教訓，這正是現代人普遍欠缺的。

對我而言，Grace 不僅是我治療過的一名患者，更是在我人生中綻放煥發光彩，令我終身難忘的人。希望本書能夠引領讀者，透過 Grace 不凡的一生，重新反思，尋得自己的人生真義與價值。

（本文作者為臺北醫學大學臺北癌症中心總召集人、臺北醫學大學講座教授、中華民國癌症醫學會理事長、美國國家發明家學院院士、俄羅斯國際工程院院士）

【推薦序】

伊瑩的恩典

/何日生

　　第一次見到 Grace（伊瑩），是她的母親憶慧師姊拿著照片驕傲地談起她的女兒。

　　當時伊瑩還在臺北美國學校讀中學，從照片中看得出來，她是一個很純淨、優雅的女孩。再次見到 Grace 已經是就讀 UC San Diego（加州大學聖地牙哥分校）亭亭玉立的大學生了。

　　在我心目中，Grace 始終是一個家教良好、單純、沈靜又優雅的女孩。

　　在她單純的背後，其實非常有主見；在她看來沈靜的外表下，其實做起事來雷厲風行，熱情、積極如同她的母親；而她的靜謐、沈穩承繼自父親寬博師兄，這一靜一動的雙重組合，常讓與她共事的人又敬又歡喜。

　　不過，大部分接觸過伊瑩的人，都只記得她溫和沈

靜的外表，不太知道她內在性格的熱切。伊瑩的溫和讓
她從來沒有跟任何人有過衝突。這就是為什麼她第一段
婚姻的離異，讓周遭的朋友非常驚訝。

　　那位年輕人我也見過數次，感受到他是一個具備強
烈企圖心的創業者。

　　這樣的男孩遇到一個與自己完全不同，心思單純、
充滿了愛、不爭、但又有主見的女孩，或許因為彼此的
大不相同而相互吸引，但這樣的南轅北轍也成為感情延
續的一大考驗。

　　而這兩種都十分可貴的生命特質，是否就因此而漸
行漸遠。

　　早已擁有物質世界一切的 Grace，只想不斷地為他
人付出、給予。

　　不爭，始終是伊瑩的生命樣態。她在加州羅耀拉
法學院取得法學博士學位後，即刻考上律師，但她不想
從事為利益之辯的律師，選擇全球最大的顧問公司之一
Ernst & Young，在法務部門以律師身分為大公司制定員

工福利法，同時在慈濟美國總會做義務法律諮詢。

　　伊瑩生在富貴之家，卻在溫和謙沖的家庭教養中，養成她付出、無私的生命風華。

　　一段無法繼續的姻緣，給伊瑩的心帶來陰影，但她勇敢選擇持續保有單純的愛與無私的給予。

　　溫和的月光不能抓在手上，只能迎向她，感受她的美好。月光不停留在一隻手上並不是缺憾，而是月光本應保持她原本的風貌。

　　後來伊瑩遇見了友涵，他也是一個沈靜敦厚、穩重但有主見的人。一個瑞典的物理學家，出生醫師家庭，也擁有物質世界的美好，他在追尋天際之美，終於尋得最柔和的月光。

　　友涵的性格跟伊瑩非常相像，單純、充滿愛、很想為眾生付出。

　　他們過了一段令人稱羨的幸福甜蜜生活，這就是伊瑩的歸宿；不是歸宿在誰的身邊，而是歸宿在「單純和給予愛」的懷裏。

　　這個「單純」和「付出愛給他人」的生命主軸，不是任何人能夠改變和帶走的。

　　伊瑩生病之後，父母親用盡一切力量要挽救她。伊瑩也冷靜以待，配合醫療，配合父母的期待，直到一切醫療技術用盡，一切期待都窮盡了以後，她才一如以往靜謐地離開人間。

　　伊瑩的離開，在熟悉她的世界裏，甚至在慈濟的世界裏，掀起一道非常深刻的漣漪，好像是深海的震動波浪，很隱晦，不明顯，但影響深遠。

　　大家難免要問，為什麼這樣一個完美、純淨、優雅又具智慧的女孩，會這麼快地離開這個世界？為什麼一個這麼善良、聰慧的女孩，她的生命中必須要經歷離異與來得太早太快的道別？

　　對於生命，我們從來就不知道它是怎麼開始？也不知道它是怎麼結束？

　　正如同慈濟創辦人證嚴法師所說，「我們無法把握生命的長度，但可以拓寬生命的深度和寬度。」

　　的確，人生自古誰無死？我們總認為長壽才是福報，這種思維其實只是一種偏執。生命真正的意義在於我們究竟體現了什麼？究竟留下了什麼？究竟經歷過什麼？而不是在重複、單調的生命中，僅僅肯定了長度。

　　中國古代著名的哲學家王弼，註釋《老子》一書，他註釋的《老子》至今仍然影響著道家的發展。王弼的老子註釋將儒家思想注入道家思想之中，促成中國文化儒道融合的基礎。但王弼僅僅只有二十三歲的壽命。

　　真正的生命價值，並不決定在其長與短，而在於其價值。

　　這價值可以是奉獻人類的偉大領袖、思想家或藝術、科學等，也有生命本身就體現了正確的價值與信念，不管他的現實事功是大是小，是普遍為社會所周知或只在親友圈裏。

　　體現正確價值，才是生命真正的成就。

　　對於伊瑩，她三十六年生命所體現的始終是「熱切單純」、「給予他人愛」。

人總是喜生、畏死，不知死有重於泰山之意，找到意義，死有如泰山之莊嚴；找不到意義，死如鴻毛般的須臾。

我個人在五十歲前後有過兩次大車禍，但幾乎都毫髮無傷。當時半百的我面對死亡恐懼，引導我深刻理解生命真正的意涵，以一個佛教徒而言，對輪迴始終半信半疑其實是有愧的。

在我讀過克里斯那穆提對於死亡的見解，反覆思索之後，對於死亡逐漸開懷，內心不再有恐懼。

特別是在五十四歲那一年，我完成了博士論文《利他到覺悟——證嚴上人的利他思想與實踐》，其中我寫到印順導師《菩薩心行紀要》中的一句話：「菩薩常在生死中度化眾生；菩薩度化眾生，常在生死中。」這句話給我莫大的啟發，那是情感的啟發與洞見。

我覺得無限歡喜，突然間認知生命應該在未來的世界當中，不斷地奉獻給這個世間，如同證嚴法師不斷鼓勵慈濟人乘願再來，不斷利益人群，在利他中度己。

　　那一刻，我對死亡放下了！那種覺知不是理性的，是一種情感覺知，覺知生命不會只在這一刻，生命也不會只在那一刻，而是在一個歷史的長河中不斷流轉，生生世世抱持奉獻眾生的心，就不是被迫輪迴，就是乘願再來人間的無窮願力。這願力讓我心中對於死亡的恐懼從此釋懷，從此放開。

　　孔子有云：「朝聞道夕死可矣。」證嚴法師也說：「為法忘軀。」為自我的求法、行法，也為度化他人得此法，利他度己，生生世世，來回不已。

　　莊子所言：「朝菌不知晦朔，蟪蛄不知春秋。」人的生命如朝菌一樣短暫，面對宇宙的大生命，我們的存在根本微不足道，然而這短暫的存在卻含融著永恆的價值與意義。

　　那個價值與意義就是「自我通向大我」的大愛，伊瑩的故事給了我們這個答案。

　　為什麼她的離開讓我們感到不捨，在於她在如此富裕美好的家庭生活中，更懂得無私地付出，更知道用大

愛來看待一切。

所以任何被凡夫心所認知的「不幸」，其實都只是「因」，而不是不幸。當我們用大愛來看待伊瑩，就知道伊瑩的一生是如此的有趣、豐富多彩。

不同的情感，不同的人會用不同的方式來看待伊瑩的離去，但不管是任何一種情感，對她總是帶著深刻的懷念，這就是伊瑩的影響力之所在。

對她的父母 —— 寬博師兄與憶慧師姊，她的弟弟——緯霖與緯恩來說，伊瑩她充滿愛的一生，甚至她的存在就是家庭中心。

Grace 也是朋友圈中的核心，因為她代表的就是那分「純淨、無私、利他的大愛」，讓我們用這樣的心情來感念 Grace，祝福 Grace。

相信伊瑩現在已在新生中，一樣保守內心的「無私、慈悲與大愛」，也會在未來繼續擔起慈濟志業，無私地利益天下苦難的眾生。

依然愛著、懷念著伊瑩的我們，請放開心中想要抓

住月光的那雙手吧！我們自然握不住月光，但她巡愛人間的旅程正在「他方之地」繼續著，依然不懈地照亮那些仍活在幽暗的人們。

（本文作者為哈佛大學甘迺迪學院訪問學者、慈濟基金會文史處主任）

【序曲】

翩翩如蝶

祈

這本札記，

謹獻給女兒前世今生，用愛布施的貴人善士，

您豐富了女兒的生命，也讓女兒的慧命成長。

期待這趟祈憶旅程上，如同陽光般的正能量，

可以歡喜地播灑出去，溫暖閱覽此札記的人。

為女兒取名 Grace，

無非是祝福她能夠有那分「典雅」的氣質，

同時也有「恩典」之意；

但 Grace 比這分祝福更好，

她典雅的待人處事人文，彷如奇異恩典！

伊瑩是女兒的中文名字，

Grace 是她的英文名字，

慈舜是證嚴上人給她的法號。

憶

據說初生的嬰兒愛哭，是因為前世親人不捨、放不下情的牽扯，才使得小兒經常啼哭。

母女連心，思女痛苦時，自問捨得讓幼小的、已經再來的女兒痛哭嗎？於是，決堤的眼淚不再管不住，提起正念，用祝福取代了悲傷。

又是一個老淚縱橫的深夜，這時候下筆書寫，一定都不會是正面的。每每心痛的時刻，就需要不斷提醒自己不要增加女兒的業。

在冬天夜裏，拾起一雙她的襪子為自己穿上，讓女兒仍有機會可以溫暖親娘的腳，增添一分孝順的善業。

翩翩此生

女兒出生後，第一次當母親的我努力學習親自哺乳；直到罹患感冒，為了不傳染給她，才改餵牛奶，但是她不能喝牛奶，只能喝豆奶。

及長，在餐桌上，她拒絕肉食，當時我尚未學佛，愚癡地想盡辦法威脅利誘，甚至體罰逼她吃肉，破了她過去累世的修行，我欠她的債從此還不完，母女有吵不完的架。

但是另一方面，她又讓我無比放心，除了上許多才藝課，從小到大，學業上從不需要額外補習。多才多藝，讓她沒有很多時間可以念書，音樂和表演藝術領域非常卓越，學業成績也很傑出。

小學五年級時，她主動表示希望上美國學校。在美國出生的她擁有美國護照，順利地轉學到臺北美國學校，經過半年的時間，就能上正常班級的課程。

她出生三個月大就回到臺灣，沒有特別接觸英文，

這種速度可謂驚人。

在話劇社的年度大戲裏，她成功地演出大反派，卸妝後回到臺下，觀眾認不出她就是臺上那惹人厭的第二女主角。

她說參加了學校的樂團，要買一支薩克斯風，但在家裏從沒有聽過她演奏，我和她約定，如果能晉升到學校最高一級的樂團，就幫她買。結果下個學期開始，她就被老師提升進去。

她歡歡喜喜地拉著我的手說：「媽咪，走吧！幫我買薩克斯風。」又過一學期，她成了樂團首席薩克斯風手，一直到畢業。

老師和同學們給她一個外號叫「Grace G.」，期間曾代表學校贏得亞洲區國際學校的薩克斯風和打擊樂器第一名。

女兒曾想過大學直接念爵士樂。畢業前，中學校長找我們談話，他說：「Grace 的成績幾乎都是 A，專修爵士音樂太可惜了，她應該給自己機會上大學，學習通

識課程，研究所再選擇自己的興趣。」

　　校長舉自己為例說，高中畢業時他原本想專修喜歡的繪畫，但是因緣讓他走上作育英才這條路，發現這才是自己的生命目標，繪畫成了他終生的嗜好與興趣，為生命添加了色彩。

　　我跟女兒為了填選學校而鬧意見。哥倫比亞大學的通知被她藏起來，因為美國東部太冷；晚一學期可以上加州大學柏克萊分校，她不去，她說晚一學期會交不到朋友。

　　最後，因為證嚴上人的支持，她如願進入加州大學聖地牙哥分校，主修心理學和經濟學，副修音樂。在校期間擔任臺灣同學會會長。

　　大學一年級暑假，在靜思精舍師父慈悲與智慧的安排下，她得以隨慈青同學到中國大陸進行文化交流，回美國後開始參與慈濟活動——跟著聖地牙哥志工謝坤容師姊到墨西哥訪視、年節在歷任聖地牙哥聯絡處負責人家裏度過……

　　愛，讓她從此投入慈濟大家庭。放假一回臺灣，就由桃園中正機場直奔松山機場，飛回花蓮帶營隊。

　　大學畢業後，她用了七個月的時間到美國各分會當志工。因為想要「保護好人」而學法律，躲到念普渡大學的大弟那兒苦讀了兩個月，就考上洛杉磯的法學研究所，畢業後即考取執照，成為加州律師。

　　因為堅持對上人的承諾：執法不能黑的說成白的，她辭去比佛利山莊 Wilshire blvd（威爾夏大道）上高樓律師事務所的工作，轉到收入較少的移民律師事務所，最後在 Ernst & Young（安永）顧問公司法務部門為許多大公司修員工福利法。

　　她每天晚上七點多就能回家，簡餐後就可以做慈濟事。帶領慈青，並集合一群與她背景相似的年輕人，翻譯上人的開示；組織並指導以年輕人為主的心芽合唱團，以及由慈誠委員組成的合唱團。

　　在公司裏推動慈濟，受到上司和同事支持；帶同事和合唱團團員參加遊民發放、機構關懷；為慈濟美國總

會創辦與編輯英文電子報、撰寫新聞稿等英文文宣，製作慈濟英文音樂光碟，培訓當地本土志工，發起捐款給非洲慈濟的「Power of five（五元的力量）」。

她曾經跟我說：「媽咪！對於講英文的人，我要見一個度一個！」

因為英文與中文都是她熟悉的語文，她期許自己，為證嚴上人與西方世界的人搭起橋梁。

第一次的腮腺癌，讓她發願辭去律師工作，全心投入慈濟；第二次的白血病，讓她發願回到上人身邊。每一次的逆境都只有讓她更堅強，更清楚自己的方向。病中，與她相扶持的瑞典籍先生歐友涵，在她往生後一段時間住進靜思精舍，目前在慈濟夏威夷分會承擔副執行長職務，成為發心立願的濟修師兄。

再也沒有病痛的女兒已翩翩離去，相信現在的她一定是個可愛的小菩薩，正走在回來慈濟的路上。

時：二〇〇九年

景：Grace 家（美國 Pasadena）

△夜晚星空不斷閃爍，星星位置已經移動代表時間過
　程。Grace 家的餐桌上放著許多餐點、飲料及杯子！

Allen：慶祝我們這次的慈善音樂會順利完成，也祝福
　　　　Grace 回臺灣動手術一切順利，Cheers ！

Grace：謝謝大家，這次的音樂會能這麼順利完成，都
　　　　靠大家的努力，這次大家辛苦了。

Allen：不過，這也要靠你這個絕對音準的 Leader，天
　　　　天磨練著我們，我們才能練好歌曲。

ED　：而且這次高慧君臨時沒辦法來美國，多虧 Grace
　　　　臨時代替上場跟嚴孝銘合唱。

Grace：還好之前我唱過〈美麗晨曦〉這首歌，不然也
　　　　沒辦法接這個變化球。不過接下來我就要回臺
　　　　灣動手術了，大家還是要記得找時間練唱。

ED　：你動完手術記得要趕快回來，我們都等著你！

Grace：放心，我是個工作狂，動完手術一定馬不停蹄奔回來，你們要是沒好好練習被我發現……

Allen：（接口）肯定被你罵一頓，然後罰唱二十次！

△眾人笑了出來。Grace 態度突然變得認真，看著大家。

Grace：不過我相信就算我不在你們身邊，你們一定會好好練唱的。

Cindy：Grace，你放心，我們一定會好好練習的，倒是你自己，雖然是小手術，也還是要注意，不要掉以輕心！

△ Grace 看到大家關心的眼神，不想讓大家替她擔心。

Grace：OK 啦，我爸媽都在啊，而且 Johan 也要請假陪我回去，很多人照顧我的！

Cindy：（訝異）Johan 也太好了吧！竟然請假陪你回臺
　　　　灣動手術！

Allen：這麼恩愛，看來你們兩個人的好事不遠囉！

△ Grace 沒好氣的打了 Allen 一下。

Grace：喂！不要亂講啦！

Allen：好啦！（語氣有點感性）那你臨走前，我們大
　　　　家準備獻唱一首歌給你，（看眾人）大家，準
　　　　備好了嗎？

△ 眾人點頭回應，Allen 彈指打了拍子，眾人邊唱
〈Amazing Grace〉邊跳著（swing 節拍）。
△ Grace 聽著大家的清唱，走到鋼琴前坐下，隨興地伴
　　奏著。

　　　　　　　　　　　　——摘自《伊如陽光》劇本／藍夢荷

◆ Amazing grace ◆

Amazing Grace, how sweet the sound

That saved a wretch like me

I once was lost, but now am found

Was blind but now I see

Was Grace that taught my heart to fear

And Grace, my fears relieved

How precious did that Grace appear

The hour I first believed

Through many dangers, toils, and snares

We have already come

It was Grace that brought us safe thus far

And Grace will lead us home

✦ 奇異恩典 ✦

奇異恩典，何等甘甜
拯救了像我這般無助的人
我曾迷失，如今已被找回
曾經盲目，如今又能看見

神蹟教我心存敬畏
減輕我心中的恐懼
神蹟的出現何等珍貴
那是我第一次相信神的時刻

歷經無數，險阻陷阱
我已走了過來
恩典保我安全無虞至今
神蹟將指引我回到家

PART 1 |【獨奏曲】

人間有愛。

時：二〇〇七年

景：Grace 家（美國 Pasadena）

△ Grace 的雙手飛躍在白色鋼琴琴鍵上，帶領著心芽合
　唱團成員練習〈Love in the World〉，團員們一邊唱
　歌，一邊比著手語。

△絕對音準的 Grace 突然停下彈奏，望著團員，語氣很
　輕鬆溫和，不給人一點壓力。

Grace：這個部分要麻煩唱第三部的幾位注意一下，不
　　　　要被第二部拉走囉！還有，第一部這裏要大聲
　　　　一點，像這樣——（一邊彈奏鋼琴，一邊示範
　　　　唱歌）。

Grace：那我們再唱一次！

△ Grace 彈琴，團員們再次開口唱歌。

△ Grace 停止彈奏，臉上仍舊掛著甜美微笑。

Grace：這次真的進步很多，但還是有一點點的音準問
　　　題。明天就是我們固定去老人之家關懷的日子，
　　　我真的很希望能呈現出我們心芽最完美的歌
　　　聲，把喜悅帶給那些老人之家的長輩們。

Allen：知道了，那我們再來一次吧！（分別看向兩
　　　邊的團員們）等下唱到 and your tears flow no
　　　more 這裏的時候，要麻煩大家再多注意一下。

△心芽眾團員們給予回應。
△ Allen 對 Grace 點點頭，示意她開始彈奏。

Grace：那這次我們就從頭來一遍！

△琴音起，眾人開口演唱，比前幾次都要更完美。
△ Grace 露出微笑，一邊彈琴一邊跟著唱歌。

　　　　　　　　——摘自《伊如陽光》劇本／藍夢荷

✦ Love in the World ✦

Thank you for giving me such a warm embrace

Staying by my side when I feel sad

Now my heart's full of love I wont bend in the wind

Lend my shoulder for people to cry on

Sincerely I give you an understanding smile

Staying by your side to end your worrries

Just when you raise your head and your tears flow no more

Oh, how it moves my heart

I know there's love in this world that's worth waiting for

Shielded hearts will open up eventually

Wounds will heal when we forgive doubts will vanish when we care

Trust is the most moving love

◆ 人間有愛 ◆

詞／姚若龍

感謝你 給了我 溫暖的擁抱

讓我擺渡過 生命低潮

一顆心 裝滿愛 風再大 不飄搖

學會把肩膀 借別人依靠

用真心 給了你 了解的微笑

陪著你解開 心事困擾

看著你 抬起頭 淚停了 那一秒

感動在胸口圍繞

我相信人間有愛 值得去期待

長久封閉的心 終究會打開

體諒會化解傷害 關懷會化解疑猜

最動人的愛 是信賴

青青河畔草

出生

醫師抱著剛出生的小女娃輕輕地放在我臉頰旁，我永遠都記得那張粉潤暖綿的小臉龐的溫度。

二〇一三年三月三十日上午九點二十六分，一切歸零了。

三十六年前，不知是她捨不得離開我的肚子，或是前世的親人捨不得離開她；我和醫師足足等了十八個小時，最後才剖腹產下她。小小的、熱熱軟軟的臉頰，貼在我臉上的感覺，恍如就在目前。

Grace 出生在 Cedars-Sinai Medical Center（西達斯西奈醫學中心），那是洛杉磯一家知名的貴族醫院。美國時間一九七七年九月十二日清晨，我開始腹痛，羊水也破了。抵達醫院後持續陣痛，儀器每發出尖銳的「嗶—

嗶」聲，接著就是劇烈腹痛，周而復始，周而復始！

只記得婦產科醫師來跟我説他要去吃早餐了，不久又來説要去吃午餐了，再來連晚餐都吃了，我還是沒有要生的跡象。

陣痛十八小時後已經過了半夜，醫師來到病房，手輕輕地放在我額頭上説「poor little girl（可憐的小女孩）」，問我要不要剖腹產？當時我已經痛到無法思考，回答「whatever you can stop the pain（不管用什麼方法，只要能止痛就好）」，就進了開刀房。

我先把自己的身體像蝦子一樣捲起來，讓麻醉醫師在脊椎縫裏推進麻藥，進行半身麻醉，終於停止像似永無止境的痛。不久，醫師抱著剛出生的小女娃輕輕地放在我臉頰旁，我永遠都記得，那張粉潤潤、暖綿綿的小臉龐的溫度，還有那好似髮型設計師修剪過的烏溜溜的頭髮。

爸爸一直笑她膽小，農曆七月不敢出來，熬到九月十三日才出生，已經是農曆八月一日子時了。

　　剖腹產雖然在當下解救了我，可是以當時的醫療技術，產婦第一胎剖腹產後，最多不能生產超過三胎，而且接下去也都要剖腹產。

　　產後十五天內，只要有人說笑話，我就真想把那個人殺了，因為肚子只要一震動，劇烈的疼痛就伴隨而來，所謂「開不得玩笑」，就是剖腹產坐月子時的痛苦寫照。

嬰幼兒期

當時小女嬰圓圓的笑臉，提醒我要讓她在新的生命中時時歡喜，於是克制自己的悲傷情緒。

　　第一個孩子誕生，讓我們夫妻的脈動都跟隨著她，全世界都圍繞著這個可愛的小女嬰轉動。

　　我努力地想親自餵母乳，可是才一週的時間，我感冒了，為了避免傳染給她，只好用罐裝牛奶代替。沒想到她開始腹瀉，醫師建議我們換成同品牌的豆奶。

　　她有著圓圓小臉蛋，醒的時候都在笑。這也讓我在

多年後痛失愛女，每每傷心時，想到她嬰兒期的圓圓笑臉，便提醒自己要讓她在新的生命中時時歡喜，而克制住悲傷情緒。

我帶著她從美國回到臺灣，桃園的大家庭裏有祖父母和叔叔、嬸嬸。這大宅院裏，就只有她這個小嬰兒，她是全家族的寶貝。

回臺後祖母特地為她請一位遠房嬸婆，每天來家裏幫忙洗嬰兒的衣服；一歲時，有張嬸婆一手抱著她的雙腿、一手扶著她的腳掌，宛如站立在嬸婆手掌心的照片，像極了一個洋娃娃。

三個月的她，是陳家同輩第一個小女娃，備受疼愛，大家當她是娃娃一樣玩。把她放在沙發椅上坐，她一聽到音樂，就像鋼琴計時器一樣隨著節拍搖擺，大家都覺得這孩子很有音樂天分。果然，她會說話後就會唱歌，一歲半兒歌就朗朗上口。

三歲時爺爺宴客數十桌，奶奶要她唱歌，她毫不含糊地站起來，完完整整唱了兩首，欲罷不能。這光景到

六歲入學後就不肯獻寶了。

　　桃園婆家有一個大和室，那是女兒的音樂教室，宗族裏幾位婆祖輩的老人家都是她的學生。八十幾歲的學生老是唱不好，這個三歲的老師可會雙手插腰，氣得直跺腳呢！

擇善固執

她從小個性堅強而且務實，從來沒有聽她哭上三分鐘，生命有限，不能浪費在哭上面。

　　Grace 從小個性堅強而且務實，七個月大開始會爬的時候，一旦離開我的視線，撞到東西時會前後左右看一下，如果沒有大人在，她會把哭的力氣省下來，繼續玩耍。若看到我們驚慌地跑過來，她一定放聲大哭，彷彿訴說委屈一樣。不過從來沒有聽她哭上三分鐘，生命有限，不能浪費在哭上面。

　　我和爸爸新婚時住在桃園老家，那是一座大宅院，

一個樓層面積一百二十多坪，我們三樓的新房就有三十多坪空間。旁邊緊鄰佛堂，是虔誠的婆婆拜佛的地方。

Grace 在美國出生後回到臺灣，住在桃園婆家，當時婆婆還是相信香要拜得多、金紙要燒得多，才能表達虔誠。所以，我們的房間一開門，就是一陣燒香的味道，其實爸爸和後來出生的弟弟都對這香味敏感，常連連打噴嚏。

離開嬰兒期，開始上桌跟大人們一起吃飯，問題來了！她說什麼也不肯吃肉。奶奶和我們都擔心她營養不夠，生長不好怎麼辦？所以一群大人想盡辦法，無所不用其極，她卻毫不動搖，對峙了很久，最後屈服在關禁閉的淫威下。

是不是我破壞了她累生遵守的戒律，從此母女倆有吵不完的爭執？或是對服裝的好惡，或是對食物的選擇，我們時常意見相左；她不穿有蕾絲、有蝴蝶結或粉紅色的衣服，偏食的習慣也讓我傷透腦筋。

她很有自己的主見，完全不能妥協；也很清楚什麼

是自己要的，擇善而固執。從好的一面想，因為這分執
著的個性，她做什麼事都能全心投入，不論是音樂領域
或律師事務，表現都十分傑出。

　　成年後皈依在證嚴上人座下，她對上人的教導也是
一門深入，法入心，法入行，比身為資深委員的我更能
身體力行。

孝愛家風

家族感情凝聚力，養成她對人的接納度極高，習慣與人
共處、共事和關懷他人。

　　家風可以引導一個人的性格發展。Grace 的祖輩，
陳、李兩家都是以孝傳家。

　　外公李宗吉爺爺的孝順，早是慈濟流傳的佳話。早
年在廈門，外公的父親驟然往生，孤兒寡母生活不容易，
外公小學畢業就輟學打工養家；長大後，跟著義勇軍，
渡生死鴻溝到臺灣來。在財政部上班的他，午餐在廚房

吃半價的剩菜，假日宅在家爬格子賺稿費，終於存到足夠的錢，把母親接來臺灣一起生活。

外公白手起家，奮鬥到中年，已是臺灣航運界的先趨。他投入慈濟後，除盡力喜捨，也承擔建築委員和參加國內外賑災；往生後，奉獻大體給醫師做模擬手術。他的遺言是：「代代子孫做慈濟。」

後來，外婆也請我拿大體捐贈同意書給她填。她說：「往生後不用設靈堂，你們回花蓮的時候，車過靜思堂，合掌就好。」

外婆年輕時不顧家人的反對，嫁給一個外省窮小子，她除了要在外面幫忙先生的事業，還要盡心伺候婆婆。婆婆老年時，她每日精心規畫，服侍五餐到終老。外公在他母親住院時，租下隔壁的病房當成辦公室，守候在老母身旁；母親往生後，更是日日到墓園除草澆花。

每年清明，全家老幼都上山掃墓，外婆總是做潤餅拿到墓園。Grace 從小就參加這樣的墓園聚會，她是同輩中的大姊姊，愛小孩的她，會幫大人照顧小小孩們。

　　陳氏家族的聚會更是頻繁。桃園大宅中，每天親戚穿梭不停，男人有家族企業的事要開會，女人有三姑六婆的事要談，所有的歡喜與煩惱都是孩子的教材。

　　我們搬到臺北前就跟公婆承諾，每週日必定回去桃園陪伴他們。雖然週日無法幫孩子排才藝課，學習各種技能的時間減少了，但是親人相聚的時間增加了。這也養成 Grace 對人的接納度極高，習慣與人共處、共事和關懷他人。

　　Grace 的爸爸在馬祖服預官役時，把拿到的薪俸都存起來，退伍時全數捐給當地的養老院和育幼院。

　　他對父母十分尊重，常常為父母設想很多事，讓父母安心；只要是父母交代的事，他都會克服萬難、使命必達，給父母的答案永遠是「是！好！」

　　他從來沒有跟父母提高音量說話，連帶著我這個媳婦也受感染；Grace 和弟弟們長大後，也同樣懂得為我和爸爸設想。偶爾，孩子情緒激昂，我就會提醒：「你們看過爸爸、媽媽跟祖父、祖母或外公、外婆大聲說話

嗎？」我們以身作則，他們自然能自律自省。

　　敦厚仁慈的祖父已經往生多年，大家族裏，祖母就是最受尊敬的長輩。祖母常在晚輩面前，談起當年如何服侍自己的公公，公公應酬晚歸，雖然家裏有幫傭，但是她都不敢先去睡覺，一直要等到公公回家，親自幫公公掛好外衣，然後用小小的柴火準備消夜，直到公公上床睡覺，她才回到自己臥室休息。

　　這些典範就這樣代代相傳。我們住在桃園時，我一定等到公婆回家，把 Grace 姊弟抱來跟公婆道晚安，才帶著他們上樓就寢。現在和我們一起住的小孫女，也一定被爸爸或媽媽帶來客廳道晚安，才會回房睡覺。

　　婆婆發給我們這些媳婦一人一本小冊子，上面記錄著五代祖先的生日與忌日，每到這些日子，她總是讓廚房煮一桌十二道菜，即使沒有這麼多人回來用餐也一樣，因為這是對祖先的敬意。

　　兒子們或許上班沒有空回來，她總是期待媳婦一定要回去拜祖先，往正面看，這是讓家族凝聚的機會教育。

學子吟

智能超齡

老人家都喜歡聚在和室，看女兒唱歌跳舞，逗著她玩，
她往往扮演意見領袖，當這群老人家的音樂老師。

Grace 年紀很小就會說話和唱歌，常常給一旁的大
人帶來驚喜！

住在桃園老家三樓的我們，每天只要到二樓，就會
在客廳裏見到很多來和祖父開會的叔祖、叔公；還有很
多來串門子跟祖母聊天的婆祖、嬸婆。

這些老人家都很喜歡聚在和室，看女兒唱歌跳舞，
逗著她玩，她往往扮演意見領袖，當這群老人家的音樂
老師。

兩歲前，我們帶她到美國 Las Vegas（拉斯維加斯），
看到 Silver Slipper Hotel（銀舞鞋飯店）前高高的桿子上

有一隻漂亮的高跟鞋，她就一直説：「阿嬤，鞋仔！阿嬤，鞋仔！」

當時五十歲的祖母，常常和祖父出門到臺北的公司，晚上還要參加宴會，總是打扮得很漂亮，穿著各色各樣的高跟鞋。

那一趟，我們帶著她從美國西岸到東岸的紐約，探訪在哥倫比亞大學念書的寬仁叔叔，和在紐約大學念書的珀玲姑姑。

下飛機坐在計程車裏，她一直指著兩旁的高樓説「遐懸遐懸（閩南語，意指那麼高）」，叔叔就取笑她説「遐俗遐俗（閩南語，意指沒見過世面）」。

叔叔的小公寓裏，只有簡單的桌椅、臥室、一個小廚房及浴室。

我和爸爸上街去，把她留給叔叔照顧，叔叔説她一整個下午，都很乖巧地坐在那張椅子上，吃海苔、看電視，安靜地會讓人忘了屋裏有一個小孩子。

Grace 五歲時，我們小家庭搬到臺北居住。她就讀

敦化南路上的私立復興幼稚園，同時到河合鋼琴教室學琴、到舞蹈教室學芭蕾舞，也到雄獅美術學畫畫。

　　她書讀得很好，不需要我督促念書寫功課；鋼琴也彈得很好，小小年紀參加發表會，在舞臺上彈起鋼琴很有架勢。

　　而且，她還有天生的絕對音感，只要聽過的歌就可以彈奏出來。

　　見她對音樂很有興趣，後來我請老師來家裏教她，她很幸運受教於李海雲老師，就是為〈慈濟功德會會歌〉譜曲的李中和大師的女兒。

　　至於跳舞，因為衡量每週日要回桃園陪伴祖父母，安排不出時間就沒有繼續學了。

　　其中繪畫算是她的弱項，一直到長大了，畫圖還是像幼稚園生的塗鴉。

　　這也許是由於她的觀察力不強，也可能因為如此，她對很多人事都沒有分別心。

提前入學

她在學校成績和各方面表現突出，沒有讓身為家長委員的爸爸漏氣。而且，好多的善緣都是女兒牽起的好因緣。

九月十三日出生的她，照說要八歲才能入學，可是看她各方面的表現都超齡，所以我們提出申請，讓她能早一年上小學。

當時抽籤沒有抽到原本念幼稚園的復興小學，就順其自然讓她進入戶籍所在的光復國小。

學校就在國父紀念館旁，從我們家往東直走，過光復南路麥當勞就到了。這一段路，是我走了好幾年送便當的路線。

她入學後，學校的教務主任找我們當家長委員，這個因緣讓我們認識了金車企業的李添財董事長，後來我加入慈濟，推動在電視臺播放證嚴上人的開示錄影帶，李董事長就是出錢出力的大護法。

Grace 在學校成績和各方面表現突出，沒有讓身為

家長委員的爸爸漏氣。當時光復國小的家長委員，還有室內設計大師杜文正和江霞夫婦，他們就是介紹我接引後來的大愛電視臺總監姚仁祿進入慈濟的善士。

我進慈濟後接引的第一位榮譽董事，是家長委員侯勝茂的夫人劉秀雯院長，她為父親植福捐百萬善款；接引的第一位慈濟委員，是家長委員林先生的夫人邱瓊英，她的女兒香吟近年發願到靜思精舍當近住女。

好多的善緣都是女兒牽起的好因緣。

轉學到美國學校

進入新學校一個學期後，我們就接到通知不用再交 ESL 課程學費，因為女兒創紀錄達到正規的同年英文標準。

堂妹宜琳從美國回來，進入臺北美國學校念書，當時念國小五年級的女兒，跟我說她也想轉學到臺北美國學校。

她出生三個月就從美國回到臺灣，除了春假、暑假

全家去夏威夷和美國旅行外，沒什麼機會接觸英文。轉往美國學校前，先送她去專門的家教補習英文，因為是自己的選擇，她非常認真學習。

入學以後，她回家就關到自己房間，要大家不要吵她，「leave me alone!（別理我！）」是我敲她房門時得到的答案。

ESL（English as Second Language，英文非母語學生的補習課程），是英語系統學校為了加強轉學生的英文程度，讓他們趕上班級進度所設的課程。

女兒進入新學校一個學期後，我們就接到通知，不用再交這個課程的學費；因為一個從未受過英文教育的學生，在這麼短的時間就可以達到正規的同年英文標準，這是創紀錄的，所以學校還頒獎狀給她。

女兒回到家，幾乎不談學校生活，後來才知道，她自己默默地經歷了一段被同學霸凌的時期。

有一次，我到學校接她下課，才知道她的書包被一位女同學搶走，不知道放在哪裏？我陪著她在學校到處

找，終於在一個大垃圾桶裏面找到；後來她才説，一直
遭受這位同學的欺負。

我向學校反應了這件事，學校徹查後，發現是一位
單親家庭的女孩，Grace 不是第一個遭受她欺負的同學。
學校告知家長後，家長就將女孩轉學到新加坡了。

其實我當時心裏在想，為何不讓這女孩接受一些輔
導和善的引導，改正她的思想和行為？她到了新的學校
如果還是這樣，轉來轉去，會不會讓她對這個社會和人
生的感覺更負面呢？

薩克斯風

她很快就成為首席薩克斯風手，同學們暱稱她 Grace G.，
因為當時有一位世界聞名的薩克斯風手 Kennie G.。

學校舉辦家長 open house（開放參觀日）時，老師
説 Grace 很活潑，很會發問，求學態度十分積極，表現
得很好。

　　我左看看右看看，問老師：「Are you talking about Grace, Yi-Ying Chen?（你說的是陳伊瑩嗎？）」因為女兒在家裏非常安靜，我懷疑老師認錯家長，老師說的那個非常活潑的 Grace，真的是我家的 Grace 嗎？

　　中學時，女兒參加學校話劇社的年度大戲演出，飾演一個有點三八的角色，臉頰上還貼了一顆痣，演技好到下了臺卸了妝，大家都認不出來是同一個人，臺上臺下判若兩人。

　　有一天，她要求我幫她買一支薩克斯風，我說：「你才學不久，先跟學校借，在學校練習就好。等你進入學校的最高級樂團，我就幫你買。」

　　新學期開始，她說已經進到學校最高級的樂團了。按照約定，我買了薩克斯風給她。

　　她本來希望能有一支很棒的樂器，我卻只幫她買了一支普通的薩克斯風，並說：「如果你是首席薩克斯風手，我再幫你買一支好的。」

　　當時心裏暗想：「這孩子不知道會玩這樂器多久？

花太多錢划不來！」結果新學期開始，她又告訴我，她已經是樂團首席薩克斯風手。我只好履行約定，陪她去選了一支襯得上首席的薩克斯風。

她這首席之位一直坐到高中畢業，後來在學校大家暱稱她 Grace G.，因為當時有一位世界聞名的薩克斯風手 Kennie G.。

高中時，她曾代表學校參加亞洲區美國學校音樂比賽，拿了三項第一回來：薩克斯風，以及打擊樂器中的鐵琴和鼓。

這支薩克斯風，後來跟著她從臺灣到美國聖地牙哥上大學。大學一年級暑假，也跟著去北京和北京大學、清華大學的美聲合唱團文化交流、為大陸偏鄉慈濟援建學校學童表演，還到馬來西亞募款晚會義演，無數次在美國總會和各分會的活動上演出。

大愛電視臺在中正紀念堂開幕那一晚，她雖然感冒，還是應郭孟雍教授的邀請，在寒風中抖擻地吹奏薩克斯風。也曾在國家音樂廳與榮董合唱團、慈青合唱團

一起表演。

九二一街頭募款，她的薩克斯風演奏也是相當搶眼的，總會吸引匆忙的路人駐足投下善款。靜思書軒營運長蔡青兒只要聽說她回來了，就會邀請她去新舞臺的靜思書軒演奏。這支薩克斯風也無數次地為親友的婚禮添色，可說發揮了很高的經濟效益。

薩克斯風的演奏，最美的部分是即興演奏；她可以自由創作與演奏中的音樂搭配的樂曲，變化非常多，看著她在舞臺上忘我地即興吹奏薩克斯風，旋律的音符中充滿著自在與自信，我想這也是她愛這樂器的原因。

媽媽心與菩薩心

想到面對護專女兒，我能耐心傾聽、平心靜氣給予建議，自然得到信任，便試著把自己和女兒的距離拉開。

一九九〇年，是我進入慈濟的第二年，得知證嚴上人親自提名的慈濟護專懿德媽媽名單中，赫然有我的名

字在列，我十分驚訝。

　　因為當時女兒回家，總是拋下一句「leave me alone（別管我）」就把房門一關，不再跟我們說話。坦白說，我跟自己的女兒都溝通不良，哪有資格去當別人女兒的輔導媽媽？

　　我向資深志工陳錦花師姊求救，看能不能設法把我除名？錦花師姊來到我家，聽了我的理由就說：「師父要我們當懿德媽媽，是讓我們學習用媽媽心去愛護專的女孩，用菩薩心來教育自己的孩子。」

　　當時我聽得一頭霧水，「媽媽心」我懂，「菩薩心」是什麼？

　　錦花師姊說，就是不懂才要把握學習的機會啊！她很有智慧地說服我承擔下來。

　　從此，每個月都帶著大包小包到護專，和孩子們搏感情。

　　上午先由教育、心理專家為我們上課，中午就和懿德女兒們聚餐、談話。漸漸的，我們的傾聽給了女孩們

勇氣，來跟我們談不能跟自己媽媽談的事。

　　我才明白，過去對自己的孩子總是認為「你是我女兒，應該聽我的話」，孩子不順從我，就是有損我做母親的尊嚴，情緒就上來了，最後鬧到都忘了自己原本要導正女兒什麼事？

　　而面對護專的女兒，我們總會尊重對方來自不同家庭不同背景，能夠耐心傾聽、平心靜氣給予建議，讓孩子們受益，幫她們解惑，自然得到信任，也讓孩子感受到我們的愛。

　　領悟這一點後，我開始試著把自己和女兒的距離拉開，假想她也是我的護專女兒，學習用冷靜的態度和智慧與她互動，慢慢體會「用菩薩心來教育自己的孩子」這句話，並且身體力行用在親子教育。

　　我們母女的互動愈來愈好，甚至她的朋友有不能跟媽媽商量的事，都會帶回來跟我促膝長談。

　　我在慈濟學習到的智慧，相信也因此一點一滴豐富了女兒的心靈。

青澀的年代

我很慶幸自己把孩子迎進家門，避免他們跑到電動玩具場，在那兒吸二手菸的空氣，結交到不好的朋友。

　　青少年時代有一陣子，Grace 喜歡作小男生的打扮，弟弟的衣服和鞋子都被她借去穿。我想起自己少年時代好像也有這麼一個過程，這可能也是很多人青澀年代的經驗。

　　但是打扮再怎麼男性化，她依舊不肯讓任何人動她的一頭長髮。我一直擔心她每天要費很多時間洗髮、吹乾、整理，還擔心她洗不乾淨，所以三番兩次要帶她去剪頭髮，她都不肯，還發出正式的護髮宣言。

　　她十四歲時，外公在日本建造一艘新船，安排所有兒孫參加下水典禮。我很盛重地為孩子們準備禮服，弟弟們都穿上黑色西裝禮服；唯獨她，說什麼也不肯穿美美的洋裝禮服，堅持穿一件她自己最愛的黑白毛衣，好像這樣比較酷。

　　有一段時間，她假日時老是說：「媽！我下去一下！」然後就跑下樓去，約莫半小時就回來了。後來我問她：「是同學來找你嗎？」她點點頭。

　　過些時候，我又進一步問：「是男同學嗎？」她也點點頭，我就知道她情竇初開。有一回，她又說要下樓一下，我跟她說：「請他上來家裏玩啊！」她眼睛一亮，問我：「可以嗎？」我很瀟灑地說：「當然歡迎啊！」

　　當她歡歡喜喜地下樓時，我的心其實七上八下，不知道等一下出現在我面前的男孩，會是什麼模樣？叮咚一聲，等在門口的我，馬上伸手幫他們開門。

　　門開的那一刹那，看見站在女兒旁邊的男孩，一點都不像我心目中的白馬王子，可是就一秒間，我心念一轉，告訴自己：「如果我是他的媽媽，一定也會覺得自己的兒子很帥！」

　　我的臉馬上浮現笑容，親切地招呼他們進來，還切了水果給他們吃。當天，他們在客廳打了一下午的電動。

　　我很慶幸自己的英明決定，如果沒有把他們迎進家

門，可能會讓兩個孩子跑到外面的電動玩具場，在那兒吸二手菸的空氣，結交到不好的朋友。

孩子們因為不需要跟我躲貓貓，正正當當地做朋友，我也一秉初衷把男孩當兒子一樣。

有一次他肚子痛，下課後女兒帶他回家，我也帶他去看醫師。後來才知道他父母常常在國外經商，就算回家也不會有人帶他看醫師。

我沒有用保護女兒的眼光去評量這孩子，女兒自己反而有所期待。過了半年，有一天我問女兒，為什麼男孩沒有再來？她解釋說，他是學校的田徑校隊，成天在田徑場上，沒有用心在課業；無論她如何督促他，他就是無法多花點時間提升自己的學業成績。她認為，照這樣下去，將來不可能念同一所大學，不如現在就分手。

在女兒第一次談感情事件中，我運用證嚴上人教導的：「用媽媽的愛來愛普天下的孩子，用菩薩的智慧對治女兒的考驗。」自然會順著因緣增上緣。

善的吸引力

第一次接觸

為籌募慈濟醫療網和醫學院建設基金，音樂人鈕大可創作活動主題曲〈生命之歌〉，由 Kennith 和 Grace 主唱。

一九九三年，為籌募慈濟醫學院和慈濟醫療網建設基金而舉辦「尊重生命」系列活動開跑，其中包括港臺明星義演義踢。

香港明星由曾志偉領隊，來臺參與明星足球賽和音樂晚會。臺灣方面也需要演藝明星來參加，並且製作一首活動主題曲，用來宣傳和邀請民眾買票觀賞。

負責活動宣傳的我，找來女兒美國學校同學錢炳文（Kennith）的母親奚宜，她幫慈濟邀請臺灣明星足球隊來義踢，也協助邀請知名音樂人鈕大可創作活動主題曲〈生命之歌〉，由 Kennith 和 Grace 主唱。這是女兒第

一次透過音樂與慈濟結緣。

　　九年級要升上十年級時，女兒被我強迫參加慈青營隊。上衣要塞進褲子裏、頭髮要編起來等規定，都讓她很受不了。入睡前，有人詢問：「明天早上要參加香積組的人請舉手，可以不用參加四點半的早課。」女兒一聽趕緊舉手，結果早上三點半就被喊起來到廚房切菜。

　　這件事在她投入慈濟後，常當成笑話來說。但是在當時，她對慈濟認知尚淺，隔天志工早會後，藉口開學就跑回臺北，也不肯再參加慈濟任何活動。

善的吸引力

有一次還在大學修心理學的女兒說：「其實上人教我們的法，就是最好的心理輔導教材。」

　　大學一年級暑假，女兒參加慈濟榮董和慈青合唱團與北京大學、清華大學合唱團的音樂交流。她很高興能夠在舞臺上吹薩克斯風，所以答應一起去。但是出發前

與我約定，參加完前三天的音樂會，她就要先回臺灣。

音樂會上，她的薩克斯風表演確實為活動生色不少，慈濟人唱歌時的快樂和薩克斯風的演奏，平衡了大陸最高學府的高亢美聲。

第三天晚上，就是最後一場交流音樂會。那天下午，她問我可否多待兩天和榮董團一起回臺灣？我請她去找魏滿子師姊，問有沒有機位？滿子師姊很有默契地馬上幫她找到機位。

第四天下午，她又來敲房門，靦腆地問我：「可以留下來和慈青們下鄉去嗎？」她也想與慈濟援建學校的學生互動。我要她想清楚：「我們現在住的是北京四星級飯店，鄉下地區的廁所是沒有門的喔！」

她回答我：「其他年輕人可以，我應該也可以。」當然滿子師姊又努力圓她的願。最後，她參加全程十二天的行程。

女兒回美國後，北京大學學生會會長曾經幾次寫信給她，讚揚她的美麗和才華，希望與她交朋友。雖然

對方是一位十分優秀的大帥哥，現在已是中國大陸央視
知名主播，但是在當時女兒認為大陸、美國相隔遙遠，
與我討論後覺得彼此不適合被感情牽絆，所以婉拒了對
方。這讓我看到活潑陽光的女兒，也有相當理智的一面。

自從投入慈濟參與各種工作，而接觸到證嚴上人的
法，有一次還在大學修心理學的她，在回美國前跟我說：
「其實上人教我們的法，就是最好的心理輔導教材。」
她把家裏有的上人著作都搬到洛杉磯去，隨時可以在法
海裏悠游，找到自己和朋友人生問題的答案。

才藝滿分

歌唱也是她的最愛，後來她在慈濟美國總會成立合唱
團，並且擔任製作人兼主唱，錄製了英文音樂光碟。

Grace 幼兒時期，剛學會坐，聽到音樂就會隨著節
奏擺動身體；學鋼琴後，只要聽過的樂曲，就可以隨手
演奏出來，這就是天賦的絕對音感。

　　歌唱也是她的最愛，後來她在慈濟美國總會成立合唱團，並且擔任製作人兼主唱，翻譯慈濟中文歌曲，製作了英文音樂光碟，其中第四張就是靜思人文出版的《Eight Petals of Love（八瓣之愛）》。

　　大學時期擔任臺灣同學會會長時，她代表加州大學聖地牙哥分校，參加全美大學臺灣同學會的才藝表演，得到了歌唱冠軍。

　　有一年暑假，在那生紅豆的南國，女兒應馬來西亞慈濟負責人劉濟雨師兄邀請，和幾位知名藝人一起為慈濟舉辦的募款晚會演唱。

　　當時的她仍是懵懂的年紀，雖然在大大小小的才藝比賽中獲獎無數，但還談不上是專業。劉濟雨師兄、簡慈露師姊夫婦是為了幫證嚴上人培養一顆種子，要讓慈濟人尊敬的李爺爺的外孫女有機會啟發良善的心，他們慈悲等觀地頒了與其他藝人無差別的獎牌給女兒。

　　是這分寬容大度，讓馬來西亞的人間菩薩成長速度達到全球第一。

喜捨

女兒是親友們眼中的「省錢一姊」，但是別人有需要時，不論是心靈或物質，她都會毫不猶豫地伸出援手。

女兒不愛奢華，東西總是可用就好，提著一個回收的紅白條塑膠袋就可以出門。買衣服給她也要挨罵，更不用說是珠寶了。

二十歲生日，我給她買了一串設計新穎的金項鍊，只是要她留下來當作紀念。她鼓著腮幫子，氣呼呼地要我拿去退掉，還說：「你不知道師公（證嚴上人）需要錢嗎？」縱使用她的名義捐了一筆錢，她還是對那條項鍊看也不看一眼，好像跟它有仇似的，後來當然也是捐出去了。

她第一次結婚時，家人給的珠寶，除了戴一串外婆給的珍珠項鍊拍結婚照，其他都派不上用場，有價值的都捐了，其中還包含一支外婆給的價值七十萬的別針。猜想女兒上輩子應該是個修行人，金銀財寶對她而言，

只是用來利益眾生的。

　　後來她生病進加護病房前，正逢桑迪颱風侵襲美國，她每天從大愛新聞看到美國慈濟人都動起來了。她很挫折，因為如果不是生病躺在病房，她在美國就會全力投入，發新聞稿、在總會辦公室值班，或者直接到現場參加發放與膚慰。

　　可是她當時只能每天看著新聞關心，連看了幾天，她說大概有兩百多萬臺幣可以捐出來。

　　我說：「讓爸爸一比一給你一起捐，雖然我們不能到災難現場關懷，可是可以將愛心送過去。」所以就幫她送了愛心支票。

　　女兒平日對自己十分節儉，是親友們眼中的「省錢一姊」，能省則省，表妹們都因為她穿著隨便，對名牌完全不感興趣，差一點就幫她報名參加美國的電視節目「大改造」。但是別人有需要時，不論是心靈或物質，她都毫不猶豫地伸出援手，所以她和朋友、法親們結了深厚的情緣。

兩隻龍蝦

她嚇得跪到「宇宙大覺者」佛像前面，放聲大哭，並且
深深懺悔過去的無知，當下立即發願茹素。

　　她住在洛杉磯市中心時，有一天在波士頓念書的表
妹打電話來，告訴她下週要來找她，問要帶什麼東西過
來？她隨口回說：「龍蝦。」因為波士頓的名產是龍蝦。

　　沒過幾天，她下班剛回家，門鈴響了，一開門是表
妹，雙手各提著一只大盒子，裏面是兩隻活蹦亂跳的龍
蝦，笑嘻嘻地出現在門口。

　　沒有烹煮經驗的兩人，先將龍蝦放進冰箱，意圖冰
昏牠們。隔了一天她下班回家，表妹說我們來吃龍蝦大
餐，沒想到打開冰箱，完全出乎意料之外，盒子裏的龍
蝦舞著兩隻大螯，還清醒得很。

　　表妹對很少下廚的女兒說：「沒關係！我來處理，
你先去洗澡。」女兒對在香港長大的表妹的廚藝很有信
心，期待著這頓龍蝦大餐，就進浴室洗澡了。

　　等她洗完澡出來，表妹進了浴室，四下無人，但是居然聽到有人在敲門的聲音。她打開門看，沒有人啊！

　　關了門後，急切的敲門聲還是不斷傳來，她循著聲音的來源，找到的居然是烤箱的門被敲擊著。她想到那兩隻龍蝦，嚇得跪到「宇宙大覺者」佛像前面，放聲大哭，並且深深懺悔過去的無知，當下立即發願茹素。

大學年華

選擇大學

她說美國東部太冷，中部鳥不生蛋，西部要避開親戚多
的地方，最後挑選了加州大學聖地牙哥分校。

升上臺北美國學校十一年級，也就是臺灣的高中二
年級，就要開始申請大學了。

女兒想念爵士音樂，校長找我們會談，他告訴女兒：
「你是一個幾乎什麼學科都拿 A 的學生，只學爵士樂太
可惜了！應該在大學畢業之後，再念研究所，專攻你有
興趣的專業。」

校長還舉自己的例子說，自己中學時也喜歡才藝
課，可是上了大學才知道自己對教育也很有興趣，教育
是他終身要奉獻的，繪畫成了公餘最好的休閒活動。

聽了校長一番話，女兒勉強接受申請普通大學的

建議。我們全家陪著她到美國東岸看大學，走遍有音樂系的學校 —— 紐約的茱莉亞音樂學院（The Juilliard School）、哥倫比亞大學（Columbia University）、曼哈頓音樂學院（Manhattan School of Music)）、匹茲堡的卡內基美隆大學（Carnegie Mellon University）、芝加哥的西北大學（Northwestern University）、北卡的杜克大學（Duke University）等學校。

　　回臺灣後，她說東部太冷，中部鳥不生蛋，西部要避開舊金山、洛杉磯等親戚多的地方，最後她在眾多錄取學校中，挑選了加州大學聖地牙哥分校。

　　因為這一趟「尋校之旅」，認識了當時匹茲堡慈濟分會負責人黃梅香師姊，她的先生謝勳教授十分護持她做慈濟，後來全家遷到北加州定居。Grace 在洛杉磯時，時常上北加州找她，與她一起為慈濟翻譯經典，彼此有了深厚的情感，夫妻倆也很疼愛她。

　　謝教授在 Grace 往生後，為她寫了一首很美的英文詩，還親自翻譯成中文。

✦ When a touch of your smile rises- in memory of Grace Chen ✦

When a touch of your smile rises

Among the "blue sky and white clouds"

It blossoms into dimples

Taking the pose

Of sublime lotuses.

Your life's energies diffuse

Like the fragrance of a flower.

Always cheerful

With an enormous heart,

You talked and sang

To spread the seeds of

Love at every

Corner of the world,

Bright or dark alike.

✦ 當那淺淺的微笑升起──紀念慈舜 ✦

當那淺淺的微笑

從藍天白雲中升起

開展成

蓮花姿態

一般的梨渦

你生命的能量

擴散如花香

你總是

以一顆歡喜心

說著唱著

把愛傳出去

讓它播灑在

世界每一方角落

暗淡或明媚

Your thirty six

Years of shortened

But brilliant life

Turned into touching

Memories in our minds,

Episode after episode

And time after time.

The impermanence of sufferings

Made marks on your body

And yet you still

Faced it with smiles.

O you the flying Apsara

Please, as you wished, come back soon,

While humming the tunes of Love.

你將翻轉

三十多次

無奈的人間寒暑

燦爛成

觸動心版的

我們久久的記憶

點點滴滴

塵世間病痛的無常

烙印在你身上

你卻依然

以微笑面對

啊，願你這飛天菩薩

乘著願，快去快回

哼唱著愛的天籟

　　女兒要前往美國念大學前，我們回精舍向證嚴上人報告。上人問她要上哪所大學？我們母女默默對看了一下，上人就知道有問題，請我們坐下來說。

　　我說，有些名校要收她，她不去念，反而選擇到風景怡人的聖地牙哥。坐一旁的慈濟全球志工總督導黃思賢師兄，聽說女兒要去加州大學聖地牙哥分校，十分鼓勵地說：「這所學校很好啊！很多人還申請不到呢！」上人也說：「還是隨她的選擇吧！」女兒很得意上人站在她那一邊。

　　上人再三叮嚀，到了聖地牙哥要跟當地慈濟人聯絡。我說：「慈濟人很忙，她適應力很強，語言也沒有問題，不需要打擾大家。」可是上人還是用閩南語堅定地說：「有來有去才會親。」

　　殊不知因為我服膺上人的指示，到了美國與聖地牙哥第一屆負責人郭純玲師姊接觸，自此女兒的慧命在美國萌芽。歷屆負責人在年節時，都用心地將這些遊子招呼到家中，讓他們在異鄉仍可感受華人的節慶。

　　純玲師姊後來隨夫婿返臺，在新竹科學園區創業，事業經營得很成功。因為她母親往生的因緣，又與我聯繫上，又因為家裏需要裝潢，我介紹李瑞瑛師姊幫她做室內設計。

　　瑞瑛師姊的先生，就是後來設計靜思精舍主堂的高銓德師兄。純玲師姊十分喜捨，每年固定透過瑞瑛師姊，默默捐獻鉅額善款。雖然事業很忙碌，但是她延續著這分對慈濟的關懷與支持。

　　二〇一五年，我邀請她參加慈友會主辦的募款餐會，也介紹一些師姊與她認識，因而有因緣又成就大喜捨大福報。說來這一切，都是女兒所牽的善緣！

菜園娃娃

形影不離的菜園娃娃並沒有跟著她去美國，十八歲離家的她，帶著滿滿的自信心，闊步邁向人生的另一個階段。

　　Grace 十歲左右，我們到美國旅行時，幫她買了一

個「菜園娃娃」。那是當時美國孩童們最喜愛的一個娃娃，可以幫她換衣服，梳頭髮！菜園娃娃的頭形，看起來像一顆高麗菜，我覺得一點都不好看，但就是那憨憨的模樣，讓孩子們愛不釋手。

後來又有親友送她一個菜園娃娃，湊成一對。Grace非常愛她的菜園娃娃，整天幫她們打扮，換衣服；旅行時一定帶著她們，好像是她的好姊妹一樣。

在她三歲時，我們在紐約最大的玩具店，讓她挑了一個很漂亮、會眨眼睛的洋娃娃，她卻很少跟她玩，只是當擺飾品一樣放著。

隨著時光的流轉，形影不離的菜園娃娃，並沒有跟著她去美國；從嬰兒期就是她睡眠夥伴的一條睡袍腰帶，也靜靜地躺在她的床上。十八歲離家的她，是帶著滿滿的自信心，闊步邁向人生的另一個階段。

當她在美國加州南部洛杉磯縣的 Pasadena（帕薩迪納）有了自己的房子後，我看見在她的床邊櫃上，多了兩隻坐著的大熊。 一隻是北極熊，一隻是棕熊，有五、

六十公分高，都是和朋友去遊樂場玩，贏得的戰利品；
質感很不錯，觸感很柔軟，感覺很療癒。在離家遙遠的
國度，熊熊代替家人，給了她溫暖的擁抱。

活力無限

我戲稱她是「八爪魚」，什麼都想做、什麼都要抓，她
也不甘示弱回應我說：「因為我是八爪魚媽媽的孩子。」

　　大學期間，女兒主修經濟學和心理學，副修音樂，
生活充實而忙碌。第一學年住在學校宿舍，我們說好不
要買車，想讓她學習放下身段求人幫助，也和同學有更
多的互動機會。

　　第二學年，她跟好友魏詩郁的哥哥 William 住兩間
房的公寓；我想也好，有熟人彼此照顧比較安心。

　　女兒在四年大學期間，除了修完三個學位，還參加
Fraternity（兄弟會）、擔任 student aid（學生助理）以及
臺灣同學會會長，還加入聖地牙哥當地的爵士樂團。大

二以後投入慈青，跟著慈濟人訪貧發放，也在校內招募慈青。

她是少數優秀受邀加入兄弟會的女生，成為哥兒們；她畢業典禮所戴的那條金黃色披帶，就是象徵兄弟會的榮耀。

這樣忙碌的生活，我戲稱她是「八爪魚」，什麼都想做、什麼都要抓，她聽了也不甘示弱，回應我說：「因為我是八爪魚媽媽的孩子。」

我喜歡看卡通影片，有一次看完《加菲貓》，我說覺得朋友 Judy 很像加菲貓。女兒居然說：「你怎麼可以用卡通人物形容你最好的朋友？」

「你不覺得 Judy 阿姨就是這樣，讓人感覺沒有壓力，但是做起事來又極有智慧和細心嗎？我喜歡卡通人物，所以我會把好朋友比擬成加菲貓啊！」我也想乘此機會了解女兒心目中的我，就問：「如果把我比擬成卡通人物，你會想到哪個？」

她想了一下說：「roadrunner（嗶嗶鳥），總是嗶一

聲就衝出去。」原來自從我做慈濟以後，家業、志業兩
頭忙，好像總在向前衝，這就是我在女兒心目中的模樣。

她自己投入慈濟以後，也是一樣，事業和志業雙軌
並行！除了緊湊的律師生涯，慈濟工作包括在家翻譯上
人開示與著作、參加發放、陪伴慈青、帶兩個合唱團和
主持活動。

她用無限的活力，增加自己生命的光彩和寬度。

提瓦那

以地理環境來說，美國加州的聖地牙哥和墨西哥的提瓦
那，就是天堂與地獄比鄰而居。

Grace 進入加州大學聖地牙哥分校後，漸漸有機會
接觸慈濟。大學四年裏，聖地牙哥的謝坤容師姊開著她
那輛裝滿醫藥和食物的休旅車，奔馳在黃沙滾滾的墨西
哥邊界，帶他們一起去提瓦那訪視。

我去看她的時候，也跟著她參加當地慈濟的活動。

以下是我在一九九五年寫下的一段紀實與感言——

　　天堂與地獄在心靈境界上，僅有一念之差，而現實
世界裏，確實也能真切地看到這種天壤之別。

　　以地理環境來說，美國加州的聖地牙哥和墨西哥的
提瓦那，就是天堂與地獄比鄰而居。

　　聖地牙哥的拉荷亞區是美國西海岸的高級住宅區，
海岸旁精品街，一間間歐洲的名牌商店，陳列著高級服
飾，一件衣服的定價在千元美金以上，仍然阻止不了時
尚仕女們的購買欲望。

　　由當地沿著五號公路南下約二十分鐘車程，就到達
美國與墨西哥的邊界。

　　一過邊界，霎時世界由彩色變成了黑白，由文明變
成了原始，人類對更好生活的追求，變成了如何活下去
的需求。

　　這些難民來自墨西哥內陸，現實並沒有能夠讓他們
如願進入嚮往的美國，過更好的生活；反而要撿拾美國

後院丟出來的房屋拆除廢料，組合成臨時的家。

墨西哥政府一區區幫他們搭設電力，但是多數區域沒水、沒電。因為物資和醫療的匱乏，很多人無法圓夢，卻終老在此荒漠。

看人生風雨苦旅

在阿容師姊的引領下，我們進入一間寬不及兩米，長僅六米，低於路面的房子。

屋內光線陰暗，空氣中散發著異味，靠牆的桌子圍坐著正在用餐的大人及小孩，一位老奶奶坐在另一面牆邊，看到阿容師姊，趕緊站起來握著她的手。

她呼叫阿容師姊的聲音，宛如見到親人一般急切。阿容師姊介紹我們一行人，當老奶奶慢慢轉過身來，將她冰冷的雙手交給我時，我的眼光接觸到她的臉龐。她臉上鼻梁的位置被一個深深的窟窿取代，左眼失明，右眼潰爛，膿液不斷流到臉頰。

　　阿容師姊解釋，老人家罹患癌症卻得不到治療，被她發現時已經蔓延了，只能帶著止痛藥、清創醫藥和為她補充營養的奶粉過來，讓老人家勉強撐過每一個痛苦的日子。

　　我們為她唱歌的時候，她暫時忘卻了苦痛，隨著我們打起拍子來。

　　在臺灣的訪貧和大陸的勘災，看到的是我們可以用物資補滿匱乏的洞。可是眼前老人家臉上的洞，讓我十分心痛和無奈，阿容師姊是以她堅強無私的大愛和滿滿的溫情去填補。

　　屋外的黃沙地綿延著，一望無際，連山都是一座座的沙土堆，就像屋裏的老人一樣，沒有一絲希望。但就在這片貧瘠的土地上，仍然聽得見孩子的嬉笑聲。

　　一個甜美的女孩向我要一串念珠，我腕上的這串念珠是證嚴上人親手為我戴上的，我將它套進女孩的手腕，上人的福德廣被，已經漸漸為這片乾枯的土地灑上甘露。

　　有一對年輕夫婦生了可愛的稚齡兒女，日子過得雖不充裕，但是很幸福。然而這個寧靜而溫馨的生活之夢，被一輛疾駛的貨車撞碎了，年輕人住進醫院，太太守候病床。

　　孩子因沒有食物又乏人照顧，只能由年輕人的長輩接回很遠的內陸，這是一個典型的慈濟照顧戶個案。

　　婦人說，現在先生已經能拄著枴杖去上班，她也恢復了工作，但因工資不足以養活四口之家，所以仍然不能將孩子接來同住。

　　慈濟現在已經減少對這個個案的醫療補助，但依然維持其生活補助金。

　　我們對她說：「你先生的傷會漸漸康復，孩子也正在長大，你將會苦盡甘來，全家團圓。慈濟要在附近為你們蓋學校，到時候就可以送孩子上學了。」

　　婦人聽了眼眶溼潤起來，兩行淚緩緩地流下。我們與她相擁而泣，讓她宣洩這些日子來的辛酸。她說：「感謝你們，在我最需要的時候及時來幫助。」

我們摟著她說：「人，本來就要相互幫助，你需要的時候，我們感恩能有力量來幫助你，祝福你來日也有能力去幫助需要幫助的人。」

與貧病相依相偎

路過區長的家，阿容師姊把車子停下來，招呼我們進去洗手。

我們捨不得多用水，因為他們的水是一桶一桶買回來的，全家人的吃和洗都是靠這一桶水。區長家也是一貧如洗，屋內是未鋪水泥的黃沙地，純玲師姊看到自己上次捐出來的炒菜鍋就掛在牆上。

阿容師姊用西班牙語和區長太太討論個案，依個案的情況酌情增減補助。

今天他們討論一對老人家的困境，老爺爺患了白內障幾近眼盲，數日前兩位老人來到區長家，希望能找點食物果腹。後來我們決定去看看他們。

　　老爺爺用他粗糙的雙手緊緊握住我們，抱怨著孩子不接濟他們。試想孩子都是自己的最愛，怨自己最愛的人，心裏該是多麼痛苦啊！

　　我們安慰他：「你的孩子自己可能生活也不好過，別怨他們了。你看！遠親不如近鄰，區長太太帶我們來幫助你，你要想開一點啊！」

　　九人座的小客車，載著我們奔馳在這片黃沙地上。車上的阿容師姊原籍香港，當年和先生（墨西哥華僑）在此定居，現在孩子都長大了。她和先生在提瓦那開了一家塑膠工廠，在美國聖地牙哥買了一棟房子，也在那時因為一本《靜思語》認識慈濟，生命變得豐富起來。

　　她十分感恩先生讓她去做生命中有意義的事，因為她熟諳西班牙語，慈濟在提瓦那的工作就偏勞她了。

　　她風塵僕僕地奔波在這片土地上，每週兩、三回走訪個案，就像守護神一樣關懷、呵護著這片土地上的苦難眾生。

　　同行的還有從臺灣移民聖地牙哥的黃師兄，純玲師

姊的九歲大女兒茱蒂，兩位加州大學聖地牙哥分校的新生，一位是 Grace，一位是卜太太的兒子。

卜太太嫁給美國人，一家人一直住在臺灣，僅在電視及報紙上看過慈濟的報導，這次為送孩子們入學，有緣在聖地牙哥育華師姊家聽了一場茶會，遂熱心參與這次提瓦那的訪貧工作，她感到既驚奇又感動。

車子幾乎是跳著行進，勾起我對大陸及柬埔寨救助勘察工作的回憶。

一路上和大家分享著慈濟工作的點點滴滴，不知道是誰說了一句：「慈濟故事多」，於是大家就愉快地唱起這首歌來。

後來，大家又唱〈苗山慈濟情〉、〈用心〉、〈惜緣〉等歌，小茱蒂也唱起〈大家來做阿彌陀佛〉，這些慈濟歌曲，隨著慈濟人的腳步唱遍了世界各地。

三十年前的臺灣，我們接受外國宗教或慈善機構的援助；三十年來，我們由本土出發的慈濟，聚合了臺灣人的愛心，將愛送到世界各個受苦受難的角落。誠如證

嚴上人所言：「我們不要再問：『為什麼不救臺灣，而去救國外』，我們應該祝福臺灣能有更大的福報去幫助別人才對啊！」

菲律賓義診

繼大陸、墨西哥之後，女兒再次看到貧困人家的生活環境，更加深她希望跟隨上人腳步去扶貧救苦的心願。

Grace 念大學期間，也利用假期回臺，與我和爸爸參加慈濟在菲律賓的義診。

那次義診是在離馬尼拉搭飛機還要一點五小時的呂宋島最東北端的卡加煙省（Cacayan）。她邀請了好友詩郁和表妹思潔及郭琦玲師姊的長子一起參加。

那次義診從臺灣一起去的，還有詩郁的母親美英師姊、Grace 的舅媽洪若岑、吳東賢師兄、孫若男師姊、陳香樺師姊、謝佳勳師姊、王英偉醫師、郭孟雍教授，以及呂慈讓、呂慈悅姊妹都一起前往。

　　菲律賓的離島義診當時已經十分成熟，志工們井然有序地安排等待區、配藥房、開刀房和休息空間，病患候診的排隊秩序也策畫得很周詳。天候炎熱，數千病患期盼能接受義診，解救他們的病痛，很多人都是第一次看醫師。

　　能說當地方言的菲律賓慈青，如昇航、青兒、雅竹負責與等候的病患互動，為他們上衛教課、進行手語教學。幾位臺灣去的孩子分在配藥處包藥，Grace 被指定當攝影志工，記錄這次的義診。

　　在她的鏡頭下，記載了病患等待的面容、與病患互動的年輕人比手語、忙碌的藥局、血淋淋的開刀房、被切下來的腫瘤、拿掃把在掃地的香樺師姊、滿身大汗的呂秀泉副院長、幫忙抬出開刀後病患的柯賢智醫師、掛著眼鏡的盧尾丁醫師、徹夜照顧病患的何白雪師姊等動人的畫面。

　　很多人問她，你拍那血淋淋的腫瘤不害怕嗎？她說沒有想到害怕，只希望如實記錄，讓大家看到醫師的辛

苦和志工的付出。看來她是繼承了我做事時情感擺一邊的特質。

那一次同時也舉辦茶會，年輕人跟著慈悅師姊惡補手語。我們還走路到偏遠的低收入戶居住區訪視。

當地的孩子圍繞著 Grace 等大哥哥、大姊姊，無憂開懷地玩耍。這次是女兒繼大陸、墨西哥之後，再次看到貧困人家的生活環境，更加深她希望跟隨上人腳步去扶貧救苦的心願。

PART 2 【協奏曲】

讓愛傳出去。

時：二〇〇八年

景：Grace 家（美國 Pasadena）

Grace：這是我們下個星期日要去老人之家表演的歌曲
〈Give Love〉……你時間可以嗎？要一起去嗎？

Johan：好啊！我週六、週日應該可以再來 Pasadena。

Grace：太好了，你快吹給我聽聽看。

△ Johan 照著譜吹起黑管來，Grace 看著 Johan 帥氣
自信的模樣，更被 Johan 吸引了……Johan 的黑管吹
著，心芽合唱團的〈Give Love〉聲也疊入。

時：二〇〇八年

景：美國某老人之家交誼廳

△心芽合唱團在交誼廳表演著〈Give Love〉，眾長輩欣
賞著。Johan 也認真聽著，他的眼光一直落在臺上微

笑自信的 Grace 身上。

△ Cortez 推著輪椅從後而來，推得有些吃力，Johan 注
意到，忙上前幫忙，Cortez 感謝地看向 Johan。

Cortez：謝謝你啊，我上個廁所就遲到了，他們的表演，
　　　　我可是一秒都不想錯過呢！

△ Cortez 一邊欣賞表演，一邊打量 Johan。

Cortez：年輕人，沒看過你，你第一次來？

Johan：對，我跟我朋友一起來的。

Cortez：哪個是你朋友？

Johan：（指 Grace）那最有活力、永遠帶著微笑的女生！

Cortez：喔！你說 Grace ！我也最喜歡她，她是最善良、
　　　　最美麗的天使！

　　　　　　　　　　——摘自《伊如陽光》劇本／藍夢荷

◆ Give Love ◆

Love's the language of our souls

Love's held in hearts not hands alone

Love's our small wish for you to enjoy

We wish you forever peace and joy

Love walks tall while sharing smiles

Love's found in silent gratitude's eyes

Love's giving more than yesterday

Believing strong, brave and not afraid

Give love openly As the sun shines warm light on you and me

Across every distance So shall our love dare to dance

Spread love readily Pave the long road ahead tenderly

Your soothing blessings Heal all pain and suffering

✦ 讓愛傳出去 ✦

詞／洪予彤

愛是看不見的語言

愛是摸不到的感覺

愛是我們小小的心願

希望你平安快樂永遠

愛是仰著頭的喜悅

愛是說不出的感謝

愛是每天多付出一點點

雙手合十不在乎考驗

讓愛傳出去 它像陽光溫暖我和你

不管有多遙遠 總有到的那一天

讓愛傳出去 那前方漫漫人生路

有你的祝福 沒有過不去的苦

緣起緣滅

希望工程

慈濟人在街頭為九二一地震募款，Grace 也帶著她的薩克斯風前去表演，吸引來往行人駐足獻出一分愛心。

九二一地震後，震出了許多人間菩薩從地湧出。慈濟在災區從安心、安身做到安生。

證嚴上人說「孩子的教育不能等」，所以帶著慈濟人秉持信己無私、信人有愛的信念，擔起災區學校的援建，在兩年內蓋好了五十一所學校。

許多企業家朋友都說，這是破金氏世界紀錄。

我們在這期間為了讓大眾了解學校援建的重要，一趟又一趟帶大家到災區參訪殘破的校舍，好友 Nina 因此捐出五千萬原本要買房子的善款。

學校完成時，帶她去參觀校園，她直說：「值得！

值得！」自己要住的五個人的家，換成給千千萬萬學童在此受教育成長的校園，實在是太值得了！

　　二○○一年，五十一所希望工程學校陸續完工，慈濟又號召大家一起幫忙景觀工程，清掃校園、鋪連鎖磚和種植樹木等。

　　那年十二月二十七日正是臺北美國學校放寒假，我邀請慈友會的媽媽們帶著自己的孩子，包一輛遊覽車南下，到南投的國小幫忙。

　　慈友會的成立，是因為我在一九八九年參加慈濟之初，美國學校的媽媽們發現熱心家長會事務的我，怎麼經常見不到人？

　　為了滿足她們的好奇心，我分批邀請大家到花蓮靜思精舍參訪，每位媽媽都非常感動。

　　我徵得證嚴上人的同意，邀請十位臺北美國學校的媽媽 Pauline、May、Nina 等和自己的二姊佳穎，成立慈友會。

　　我們每個月聚會一次，以慈濟精神會友，並邀請身

體力行做慈濟的志工來分享。

　　Nina 和 Michelle 受證為慈濟委員後，接續擔任會長。至今，慈友會已有三十多位會友成為慈濟委員，在二〇二〇年也有四位第二代慈友出來參加見習。

　　九二一震災發生後，慈友們也出錢出力，並乘著孩子放假，一起到即將完工的希望工程校園幫忙。

　　當時，Grace 已經大學畢業，算是那一團裏面的大姊姊。

　　她戴著手套吃力地搬著連鎖磚，也和慈青夥伴強譯帶著年輕人到教室裏，一起教學童們比手語、玩團康。她和強譯有很多帶團康的經驗，大小孩子們都很開心地玩在一起。

　　這場地震震出許多人的愛心，慈濟人在街頭募款，捐獻的人很多。

　　Grace 也帶著她的薩克斯風在臺北火車站前、新光三越百貨公司廣場的慈濟攤位前表演，吸引來來往往過路人的目光，並駐足獻出一分愛心。

攻讀法律

上人叮嚀她：「不要黑的說成白的，白的說成黑的，為了賺錢顛倒是非，冤枉好人、袒護做錯事的人。」

大學畢業拿到三個學士學位後，我強制 Grace 停下腳步。於是，她用七個月的時間應慈濟美國各分會執行長的邀請，到各地當志工，幫忙帶營隊。

到美國各分會當志工後，回來臺灣宅在家，當時證嚴上人正因為一攤血事件被告。

有一天，她突然開口說想考法律研究所，我第一個反應是問她：「為什麼想選擇律師這個行業？」她說她想「保護好人」，我說：「你還是去請示上人吧！」

去花蓮回來後，她跟我說：「師公沒有反對我學法律耶！」

「你怎麼問的呢？」

她說她請示上人：「若想當律師，有什麼事情應該注意？」

　　上人告訴她：「不要黑的說成白的，白的說成黑的，為了賺錢顛倒是非，冤枉好人、袒護做錯事的人。」

　　兩個月後就要考試，她即刻收拾行囊，投奔當時在印地安那州普渡大學念書的大弟住處，那個曾經被她戲稱鳥不生蛋的地方。

第一段姻緣

人生無常，瞬息幻化，如此一對看似相知相惜、同師同志願的菩薩道侶卻不敵因緣果報，各自分離。

　　Vincent 大學畢業後，曾經在台積電上班，然後到美國加州大學洛杉磯分校（UCLA）攻讀生物醫學工程研究所。臺灣九二一震災後，他在 UCLA 成立慈青社，就此和 Grace 在慈濟相遇。

　　他們交往後，有一次女兒說他們要去滑雪。我苦勸半天，告訴她上人屢屢提及氣候暖化、雪地鬆軟，滑雪容易出意外，最好不要去。

　　年輕人不肯聽勸，結果真的受傷回來，起先是腳踝的傷，後來延伸到腰椎。

　　上人聽說了，要 Grace 先回來把身體治好，再繼續法律研究所的學業。

　　她也聽話，休學一學期回來臺灣。巧合的是剛好有一位物理治療師搬到我們家附近，也就用物理治療的方式調養。

　　認識 Vincent 後，因為一起帶慈青，Grace 特地搬家到 UCLA 附近的 Westwood（西木區）。

　　她運用自己心理學的專長和證嚴上人的開示，花很多時間陪伴、傾聽、解惑，很多畢業的慈青回到自己家鄉，仍與她保持聯絡。

　　Vincent 是 UCLA 第一位生物醫學工程博士，畢業後學校的師長投資他成立全美十大奈米公司之一，他同時也是美國國家衛生院的專案負責人。兩個理念相同的年輕人，自然談得來。

　　後來，他專程飛回臺灣徵求我們同意，他要向女兒

求婚。我們知道這孩子品行端正，雖然家庭環境有所不同，但同是慈濟人又如此優秀，當然只有祝福。

　　二〇〇三年爆發 SARS 疫情，一對新人和家人、朋友戴著口罩到靜思精舍請證嚴上人福證。

　　上人看到跪在跟前的新郎，第一句話就說：「把口罩拿下來，讓我看看你是誰？」接著又問：「你們想清楚了嗎？」

　　他倆互看一眼，都說：「想清楚了！」上人即恆順眾生為他們祝福。

　　那年海外慈濟人回臺受證取消，Grace 讓上人親自授證，並賜給法號「慈舜」。

　　當天下午，他們到花蓮靜思堂拍婚紗照。慈院志工顏惠美師姊說：「SARS 期間，民眾都是離醫院愈遠愈好，怎麼聽說有一對新人在靜思堂外面拍照，我還特地跑去看，並且幫他們拍了幾張照片。」後來才知道新娘是我的女兒。

　　他們到七星潭時，把手上的婚戒放在石頭上拍照，

那是兩只有慈濟標誌的白金戒指。

當初知道是這造型時，我還質疑有沒有經過上人同意？Vincent 說，因為 Grace 不喜歡鑽石，心心念念只有慈濟，所以他乾脆訂製了這一對白金戒指。Grace 很高興 Vincent 了解她的心意。

熟料人生無常，瞬息幻化，如此一對看似相知相惜、同師同志願的菩薩道侶，卻不敵因緣果報，各自分離。

Vincent 出生六個月時母親就病故，由祖父母代為照顧，直到讀小學，父親續弦才有了新媽媽。雖然新媽媽也照顧他，但是母子關係始終無法很親密。

女兒在大家庭長大，與長輩互動難不了她；在婚姻關係中，她常常幫 Vincent 致電給他的家人，也常和婆婆聊天，並且說她很好相處。

她和 Vincent 不顧 SARS 來襲，在二〇〇三年完婚，但是因緣讓這對菩薩道侶兩年以後又分離。

Vincent 發現自己不適合婚姻，希望專心發展他擅長的奈米科技，他跟我說：「當初沒有想清楚。」

鳳凰城發放

能給人依靠的，就是無私的大愛。我們母女倆在發放付出中，都獲得了無量的智慧。

　　慈舜一時無法接受婚姻破局，十分傷心，如同許多失婚的女人一樣，徘徊在情感和自尊心雙雙受挫的痛苦煎熬中。

　　當時正是卡崔那颶風侵襲紐奧良地區，很多災民撤離到鳳凰城。

　　我看到女兒因感情而痛苦，知道只有上人教導我們的「見苦知福」，能救她離開痛苦的深淵，於是主動聯絡美國總會，並且鼓勵女兒和我一起跟著慈濟團隊到鳳凰城發放。

　　女兒在中秋夜，也是離開鳳凰城的前一夜，活動結束圓緣時分享道——

　　來鳳凰城之前，因為婚變，讓她十分痛苦。英文說得很道地的她，被分配在第一站陪伴等待發放的災民，

所以有很多機會跟他們談話。

「你們提供的這些東西，就像陽光一樣，滿足了我們實際又迫切的需求。」一位黑人老爺爺的話，讓她有很大的省思。

老人家又說：「年輕人，人生隨時都會遇到無常，我在紐奧良有九棟旅館，一夕之間都沒了！現在雖然逃到鳳凰城，看起來很安全，但誰也難保哪天胡佛水庫不會潰堤，又水漫我住的城市。你要記住，人生什麼都可以失掉，但是絕對不可以失掉正面思考，唯有正面思考能帶我們走出困境。」

女兒說，她聽了老人家這一席話，彷彿當頭棒喝！她在美國翻譯組接觸許多證嚴上人的妙法，時時在談「正思惟」，然而境界來時，卻不懂得拿出來用，才會讓自己陷入無窮痛苦中。

「我發現，跟那些災民比起來，我在婚姻路上跌的這一跤根本不算什麼。他們很多人都是失去了一切，甚至失去最愛的家人，但我卻什麼也沒少……還有很多很

多愛我的人陪在身邊，你們一定覺得我很傻吧？明明每天都在翻譯師公的開示，卻沒能真正領悟其中的道理。從現在開始，我要將自己的生命利益眾生，不再為了失去的愛情而痛苦。」

那一次鳳凰城的發放，我被分配到發放現金的貨櫃車中，關懷填表後等待領現金的災民。

我關心地問一位婦人，家人還好嗎？她居然痛哭失聲！原來她的孩子都跟她離散了，她拿著照片一路問，可是都沒有孩子的消息。

我安慰她：「現在政府要安排房子給你們住，你要用心去布置一個溫暖的家，等著孩子們回來。」這位婦人才停止哭泣，抬起頭來望著我說：「是嗎？他們會回到我身邊嗎？」

我握著她的手：「我們一起祈禱！當他們回來的時候，你一定要幫他們準備好溫暖的家。」

還有一位非常高大壯碩的男士，頭都快碰到貨櫃車頂，他一直說慈濟是一個非常不同的團體，給他的不只

是慰問金和物資，更給他尊嚴。發放現金的志工深深地一鞠躬，趕走了他被施捨的自卑。

臨走前，我告訴他往後如果碰到任何困難，都可以聯絡鳳凰城的慈濟會所，又拿發放金袋子後面的地址指給他看。

他熱淚盈眶點著頭，正要走出貨櫃車，又猛然回頭一把抱住我，將他的頭靠在我的肩膀上。

能給人依靠的，就是無私的大愛。我們母女倆在發放的付出中，都獲得了無量的智慧。

最親的人

貼心孝親

英文沒有「孝順」這個詞，但從小接受西方教育的女兒，沒有拋棄華人的傳統，總在點滴小事間表達孝心孝行。

縱使我們母女總是為小事爭吵，我這個媽媽也沒有像爸爸一樣天天打電話給她，但是母女的感情不曾降溫，在重要的決定上，女兒總是會跟我商量，也常貼心地為父母著想。

二〇〇七年，女兒到美國從念大學到當律師也有十二年了，我心裏明白美國會是她長久居住的地方，所以跟爸爸商量要給女兒一個安定的住所。但是女兒馬上與我們約定，只要爸爸幫她付頭期款，其他的她要自己負責。

我先陪她看過一些房子，一邊教她選擇好住家的注

意事項，以及好房屋必須具備的條件，我就回臺灣了。

　　不久，她給我一棟房子的資料，我一看告訴她就是這棟了。所有條件都符合我開的條件，更重要的是，她自己加了地點的選擇原則。

　　她說這棟位在 Pasadena 的房子，出門往前走五分鐘，就有一個新的購物中心和超市，中間會經過一棟大飯店和一間很具規模的劇場。

　　往左邊走五分鐘就是捷運站，這是洛杉磯僅有的一條捷運，貫穿城市南北，途中經過中國城和環球影城；往後方走七分鐘是熱鬧的老街區，還有社區巴士通往附近的博物館和文物館，不開車的父母來美小住時也不會無聊。

　　之前小弟要買車時，她警告弟弟不可以買雙門跑車，因為「不能讓老爸老媽鑽到後座去」。

　　雖然我笑說英文沒有「孝順」這個詞，但是從小接受西方教育的女兒，沒有拋棄華人的傳統，總是在點滴小事間表達了孝心孝行。

手足之情

雖然沒來得及救自己的姊姊，大弟弟的努力卻幫助了很
多病苦的人。

　　可能是過去生就有聞法修行，從小就很少看到女兒
與人爭鋒，見別人表現優異出色，她總是跟著一起歡喜。

　　她是家族同輩中第一個孩子，一出生就集三千寵愛
在一身。一歲兩個月時，她多了個弟弟，不但不會吃醋
爭寵，還對弟弟備加呵護。

　　弟弟喝奶時，她會一直站在我旁邊，好像在陪伴弟
弟；偶爾弟弟停下來不喝了，她還會憐惜地輕輕摸撫著
弟弟的頭，口裏念著閩南語「惜惜、惜惜」。

　　再長大一些，也從來沒有看到過她和弟弟搶東西。

　　大弟弟出生時就是個長身嬰兒，兩歲時就與三歲的
她差不多高，兩個人就像雙胞胎一樣一起長大。她十歲
以前都與大弟弟同住一個房間，兩個孩子相伴相隨，感
情很好。

　　大弟弟的長子個性，有一種以照顧家人為己任的責任感，所以長大以後，反而像哥哥一樣呵護著姊姊。

　　姊弟倆上小學以後才多了一個小弟弟，兩人都把小弟弟當寶貝，放學回來就會跟他玩。

　　記得小弟弟四歲時，全家出門去玩，走著走著，弟弟開始耍賴不肯走路要人抱，我們兩個大人都不肯抱他，可是他的耍賴一定得逞，因為哥哥、姊姊都會捨不得他哭鬧，一把就把他抱起來。

　　這種寵愛的程度，讓他長大闖禍時，我們都會相互推諉，無法釐清是爸爸、媽媽，還是哥哥、姊姊，把他寵壞了？

　　小弟弟從小受到父母和哥哥、姊姊的疼愛，也一派輕鬆地成長，他總是說：「我是爸爸、媽媽生來玩的。」

　　女兒當律師後，小弟弟也到洛杉磯念大學。第二年姊姊在 Pasadena 買了房子，小弟就搬去跟她住。我難得過去，她擔起了媽媽的責任，不但會碎念還會亂操心。

　　弟弟不回家，她就睡不安穩；弟弟和朋友出去喝酒，

　　她就擔心他會酒駕，一直要聽到車庫電動門響、弟弟上樓的聲音，她才安心。弟弟闖禍了，她還幫他隱瞞我們，自己想辦法幫他處理。她承擔的實在太多了！

　　姊姊往生對兩個弟弟是極「慟」，小弟因此消沈了一陣子，讓我們非常掛心。直到他去日本讀書，靜靜思量一年多，才重新找回活力，認真幫爸爸經營祖父創立的食品工廠，並成立蔬食廚房，提供員工有機蔬食料理。

　　大弟弟目睹姊姊病中需要補充營養時，卻對市售醫療營養品的藥水味很排斥，所以成立生技公司研發出多種受歡迎的口味，不但有自己的品牌，也受很多市售品牌委託改良產品風味。雖然沒能來得及救自己的姊姊，卻幫助了很多病苦的人。

　　他和結拜兄弟成立的生技公司，也致力病毒檢測儀器及試劑的生產，新冠疫情發生後，即積極投入此病毒檢測的開發，並陸續獲得各國認證，現已大量供應，歐洲國家機場也使用這準確性高的核酸檢測儀器與試劑。

　　大弟弟是學電機工程的，從美國回來臺灣以後，先

到電腦公司上班，每週一背著大包包上班去，因為設計筆電、手機，研發團隊都要聚在一起工作；週末回家，倒出來一袋的髒衣服。

我問他在哪裏洗澡睡覺？他說公司游泳池有沐浴間，累了就在沙發上睡覺，如此拚命工作，存了一些股票後就自己創業。

看著他週一到週五認真工作，每天都到很晚才能回家，可是週末就一定是家庭時間。

他很認真地做一個稱職的老闆、丈夫、爸爸和兒子、長孫。很感恩女兒的好風範，引領弟弟們都認真打拚過生活，沒有因為家裏環境小康而怠惰。

夏威夷

女兒腮腺癌康復期間，我們全家再度到夏威夷。只是沒想到，那居然是女兒和家人最後一次的國外家庭旅行。

夏威夷風景怡人、氣溫舒適，一直是早年我們家庭

旅行的首選。女兒五歲開始，我們常常乘著假期全家到夏威夷去玩，孩子們進臺北美國學校以後，我們就乘學校春假去旅行，避開暑假也可以避開人潮。

在夏威夷 Waikiki Beach（威基基海灘），Sheraton Hotel（喜來登酒店）、Hyatt Regency（凱悅酒店）和 Kahala Hilton（卡哈拉希爾頓酒店）都是我們喜歡住的旅館；旅館連接著沙灘，孩子們盡情地玩沙玩水。很長很長的沙灘，就有很長很長的路可走。

爸爸的名言是「轉個彎就到了」，記憶中孩子們走了很久以後，路旁就是一家「31 ICE CREAM」，當時在臺灣還看不到那種五顏十色各種不同口味的冰淇淋，這就是走路後的獎賞。

偶爾我們會到其他島嶼旅行，住在海邊有廚房的度假屋，一住就是一星期，可以去附近超市買菜下廚，不需要天天到餐廳用餐。最受全家歡迎的日本速食麵「四川風拉麵」是我們的最愛，加入高麗菜、豆芽菜、紅蘿蔔、洋蔥和青椒切成絲，就成了連孩子都不挑剔的美食。

在那裏的廚房，可以看到爸爸一起洗菜、切菜的畫面。有時候爸爸帶著孩子們在沙灘玩，我就在如院子一般大又有植栽的陽臺上畫畫，試圖把眼前的美景收納回家。這是一段最無憂無慮的美好回憶！

我們當時曾起心動念，想要在那兒投資一間出租公寓，自己不來住的時間，可以租給像我們一樣來自各國的短期觀光客。可見那裏的生活是多麼吸引我們。

二〇〇九年，女兒腮腺癌康復期間，我們全家和懷著第一胎的大媳婦及友涵，再度回到夏威夷的大島和歐胡島，讓孩子們重溫兒時的舊夢。只是沒有想到，那居然是女兒和家人最後一次的國外家庭旅行。

京都

她喜歡參訪古剎，京都附近的寺廟，歷史都很悠久。通往清水寺的臺階上，有她和家人以及朋友的足跡。

日本京都，是一個廣受東西方人士喜愛的都市。

　　遠看嵐山，在秋天是彩色的，繽紛的色彩，橘色、紅色、綠色、褐色交雜得像是一個調色盤。

　　嵐山的竹林也是女兒的最愛，漫步在兩旁竹林彎腰搭成的拱門內，那抹新綠帶上一些霧氣，彷彿遺世索居，不為紅塵滾滾的無明所侵擾！

　　隨著孩子們的成長，我們全家旅行漸漸從夏威夷轉到美國各地或是日本。尤其是孩子上大學後，回來臺灣和家人相聚的時間很短暫。臺灣飛到大阪，只要兩個多小時，大阪附近的奈良、京都，是我們常常造訪的地方。

　　奈良有很多鹿，跟人很親，習慣了遊客拿餅餵食，有一次還把頭探進女兒的包包內找餅乾吃。女兒非但沒有驚慌，還摸著小鹿的頭說：「還餓嗎？我再去買餅乾給你吃。」

　　她也喜歡參訪古剎，京都附近的寺廟，歷史都很悠久。通往清水寺的臺階上，有女兒和家人的足跡，也有和朋友的足跡。

　　她最愛摟著弟弟，駐足階梯旁一家一家的小商店，

欣賞那些當地的小工藝品；她旅行不會大包小包地血拼，只是看到有趣的東西，會買一點當成紀念品。

大概受到小時候，我常給她穿祖父祖母幫她從日本買的和服的影響，她也偏好在 T 恤和短褲睡衣外，披上一件 Kimono（和服）睡袍。那是她自己在京都選購的。

日本人以漁獲為食，對茹素的旅人是很不方便的，連吃碗簡單的拉麵，都無法吃到素的；南方是以豚骨湯頭為主，北方也有混雜雞骨湯頭。而唯獨京都有「精進料理」，吃素的人可以品嘗到很柔滑順口的 Yuba（豆皮），和很好的水質做出來的湯豆腐或豆花。這也是京都吸引女兒的一大因素。

家族遊輪之旅

女兒穿著大紅旗袍和爺爺一起跳舞的景象，隨著時光流逝，爺孫倆都已經不在世上，不禁感嘆斯人往矣！

一九九八年夏天，Grace 的祖父、祖母結婚五十周

年慶，除了三位上暑期班的大弟、表哥、表弟無法參加外，整個家族三十多人搭乘遊輪到阿拉斯加。沿途的冰河之美十分療癒，如今地球暖化，應該已經山河變色了吧！

女兒穿著一件大紅旗袍和爺爺一起跳舞，她當時已經在慈濟聽聞佛法，漸漸能對一些事情不再堅持。

我在慈友惜福聯誼買的設計師的大紅旗袍，就是想讓她在長輩壽宴時穿，所以她應景穿著這件旗袍，出現在家人與船長聚餐的晚宴上，阿公、阿嬤好歡喜看到她盛裝打扮，大家都誇讚她的細腰身十分適合穿旗袍。

這是她第一次穿大紅色的衣服，讓大家在讚賞之外，也感到十分訝異。

她和祖父跳舞的景象，隨著時光流逝，爺孫倆都已經不在世上，不禁感嘆斯人往矣！

千里相會

事業志業平行

她承擔 Ernst & Young 洛杉磯辦公室公益活動負責人，假日帶著同仁參加慈濟在遊民收容所外的素漢堡發放。

因為女兒從小就念美國學校，語言的優勢，得以通過 LSAT（Law School Admission Test，美國法學院申請入學參考條件之一）測驗，而攻讀 JD（法學博士）。

她拿到美國洛杉磯 Loyola Law School（羅耀拉法學院）的法學博士後，很幸運的，一次就考取了加州律師執照。

根據統計，加州律師執照考試的錄取率是全美五十州中最低的。

印象中，她的第一個工作是一家位於比佛利山莊 Wilshire blvd 的律師事務所。辦公室在大樓的高樓層，

但是每天繁忙的工作，讓她無暇欣賞風景，經常都是半夜才能回家。

她告訴我，律師工作是很好的自我訓練，做事態度一定要嚴謹，沒有馬虎的空間，而且要有極高的效率。

可能因為這樣認真的工作態度，她很快被提升為小主管，但是煩惱產生了！因為她必須為很多要到法庭辯論的案子簽字，而律師事務所是為付得起高額費用的委託人辯護，甚至脫罪。

有一次我去美國看她，她跟我說：「我再也受不了了！師公要我當律師不可以黑的說成白的，白的說成黑的，為了賺錢是非顛倒；而我現在每天做的就是這樣的事，完全不能幫助好人，反而在陷害好人。雖然待遇很優厚，但是我一定要換個工作。」

之後，她去洛杉磯市中心一家專辦移民事務的法律事務所工作，工作輕鬆很多，可是她認為要度更多的人必須要在大公司，再度尋思轉職。

雖然這麼想，但是因為華人女老闆很疼愛她，她一

直狠不下心提辭職的事，所以拖了大半年，才換到 Ernst & Young 顧問公司的法律部門，每天快樂地為委託的公司員工設計福利，下班時間也不會太晚，七點左右可以到家，晚餐後就可以做慈濟工作。

如果慈濟人要她到外州其他分會幫忙，她就跟公司申請出差，白天到該城市的公司辦公樓上班，晚上和週末就可以到慈濟會所幫忙。

所有的老闆和同事都很支持她參與慈濟活動，在她去外州或國際賑災時，同事們都願意為她代班，也跟著她參加慈濟活動。

她還承擔了該公司洛杉磯辦公室的公益活動負責人，假日帶著同仁參加慈濟在遊民收容所外的便餐車素漢堡製作和發放。

她也向該公司全美員工募集旅行包，請他們把搭乘商務艙、頭等艙拿到的旅行包捐贈給遊民使用；Ernst & Young 公司的職員旅行時多數搭乘這些艙等，所以家裏堆積了許多這種旅行包，裏面正是遊民需要的牙膏、牙

刷、刮鬍刀、梳子、潤膚乳液等。

　　這個活動募集了許多旅行包，當慈濟發放給遊民時，他們拿到都非常驚喜，這也是一種回收再利用的環保工作。

　　因為辦公室主管和同仁都很支持她做公益。所以只要哪個慈濟分會的執行長要她過去幫忙，或是主持，或是翻譯，或是帶領年輕人，她就跟主管提出差申請，公司會幫她付機票、五星級飯店的住宿費和租一輛中型轎車給她開。

　　我曾經問過，雖然是公司付錢，但是你為什麼不節省一點住四星級和租小車就好？她說公司就是很照顧員工，規定出差必住五星級飯店，還要使用中型以上的車。

　　她常常半夜搭飛機，隔天早上到分公司上班，下班以後就去當地慈濟會所當志工。

　　所以全美慈濟分會的執行長們都很疼愛她，之後在美國總會為她辦追思會時，因緣不可思議，全美的執行長剛好都在洛杉磯開會，也都出席了追思會。

過去生的約定

如果當清修士，可以免去世俗兒女私情，一心跟著上人
做慈濟事，對個性單純的女兒來說，真的是福報。

　　二〇〇八年的歲末祝福活動，輪到臺北大安區場
次，時任和氣組長的我抱著資料隨侍在旁，向證嚴上人
解說當年大安區的委員、慈誠和榮董受證人數。

　　期間，上人若有所思，轉頭問我：「女兒有一個朋
友嗎？」我第一時間的心裏旁白是：「她人緣很好，朋
友很多。」一秒後聽懂了，就回答：「沒有。」

　　上人隨即問道：「要當清修士嗎？」我又愣了一秒
鐘，隨即回覆：「如果能當清修士，是她的福報。」

　　上人又說：「知道是福報就好。」

　　當時我真的沒有把握，女兒會不會想回精舍當清修
士？因為她正開心工作之餘可以做慈濟，能夠大量帶動
公司來自不同國籍的同仁參加慈濟，還可以自由自在，
想去哪做慈濟就申請出差。

美國總會執行長葛濟捨又十分愛護、信賴她，給她很大的空間規畫培訓本土志工、編輯美國慈濟月刊《Tzuchi monthly》和做慈濟英文音樂光碟等。

可是我也知道，當了清修士，她可以免去世俗兒女私情的煩惱，可以一心跟隨上人做慈濟事。以個性單純的女兒來說，真的是福報！

認識友涵

一位瑞典的物理學家在史丹佛大學研究，到洛杉磯借住在女兒家。有緣的兩個人，就這樣千里來相會。

一月間上人的交代，我不敢在電話上告訴女兒，因為這麼重要的事，我想要很慎重地面對面傳達。

二月過農曆新年，三月開始就要如火如荼地展開浴佛大典的貴賓邀請工作。等五月忙完浴佛大典，我到了美國，還沒開口，女兒告訴我，她認識了友涵。

女兒十分好客，總是答應朋友們各種有理無理的要

求。自從有了自己的房子，更是像免費的民宿一樣，張
開雙臂歡迎親朋好友和法親。

　　有一天，她接到從前臺北美國學校同學 Nelson 的電
話，告訴她有一位瑞典的物理學家 Johan（友涵）在史
丹佛大學研究，過幾天要到洛杉磯，希望能借住在她家，
她一口答應，沒問題！

　　想不到有緣的兩個人，就這樣千里來相會，結了深
深的緣。

運動

女兒和弟弟小學時，週三中午下課後就去學桌球，常常
一打就是一下午，桌球一直是女兒喜歡的球類活動。

　　女兒喜歡運動，在洛杉磯時，假日她會穿著短褲，
與男孩子們在球場打棒球。她在中學時，就是學校的手
球校隊。

　　不用擔心她晒太陽的問題，她的皮膚白皙，和爸爸

一樣，晒過以後，總是發紅很快又返白；同樣的太陽灑在我和她大弟弟身上，就完全不是那回事，我們的皮膚紅了以後就變成黑，沒救了！

大弟弟十二歲時，與她去參加洛杉磯郊區一所學校的夏令營。那所學校的校舍裏，有很多野生動物，蜘蛛、蝸牛、大螞蟻……我質疑學校衛生條件不夠好，孩子們卻很歡喜，因為學校的教學方法很自由，讓孩子可以無拘無束地學習。女兒在結業時，又如常地上臺領獎狀。

我去接他們時，一眼看到大兒子，好像看到一個非洲小孩，全身黑到發亮。原來游泳課在這大熱天居然排在中午，男孩子也不會自己擦防晒油，一晒再晒就變成眼前的小黑人。

這全身的黑皮膚跟著他長大，一點都沒有消失，但是變成黑白交雜。那不就變成斑馬了嗎？幸虧只有背部有明顯的花紋，穿起衣服還是很帥，所以能娶到一個美麗的老婆。

他是在姊姊 Pasadena 的家裏求婚的。姊姊用玫瑰幫

他們在客廳地上排了大大的「Merry Me!」字樣，再加上大大的愛心，讓帶著女友飛到洛杉磯的弟弟，在進入她家那天花板挑高的客廳時，就有一個大大的驚喜！很順利地求婚成功。大弟結婚時，女兒還為他們作了一首曲子，讓弟弟填詞送給新娘。

女兒和弟弟小學時，我利用週三中午下課後，送他們去國語日報才藝班學桌球，常常陪他們一打就是一下午，所以桌球也一直是女兒喜歡的球類活動。

在 Pasadena 家的前院，就有一張全尺寸的桌球桌，只要有空約到球伴就開賽，其實她打得還真不錯喔！

之後生病回到花蓮，在嘉里村有了自己的家，她又迫不及待買了桌球桌，常常和友涵一起打桌球。

友涵每天都一定出門跑步，跑得一身汗回家，但是跑步對女兒來說是危險的，她有嚴重的內八字腳，連走路快一點都會被自己絆倒。桌球的腳步移動和棒球的短程跑步，她還能克服。

無情有情

腮腺癌

電療期間，幾乎沒有聽她說哪裏不適，而護理師也讚歎她接受電療的副作用比其他人輕，很可能與茹素有關。

認識友涵的隔年春天，慈舜反覆感冒，身體的疲倦感，讓她對工作也產生倦怠感，曾跟我提到想要辭去工作，我支持她。

在一次感冒初癒時，她摸到耳朵下方有一個腫塊，她的家庭醫師也是表舅蔡英奇，幫她看診後，建議她做穿刺檢查，結果是良性的華生氏腫瘤，但醫師建議她還是割除比較好。

我上網蒐尋相關訊息，得知華生氏腫瘤的成因目前不明，有百分之五到十五的病人會在雙側發生，但比較可以放心的是惡性變化的機率非常低，所以基本上不必

擔心它會遠端轉移或深層侵犯的可能。

　　我要她回來臺灣，找當時大林慈濟醫院的簡守信院長動手術。她因為要主持美國總會的浴佛大典，又因為友涵的家人要去洛杉磯，所以拖了一個月才回來臺灣找簡院長。

　　簡院長是非常優秀的整形外科醫師，他動完手術時出來跟我們說，看腫瘤的形狀應該是良性的，但還是要等完整的檢驗報告出來才能確定。我們在大林慈院住幾天就回臺北了。

　　幾天後，婆婆的妹妹在榮總病逝，我們趕著去助念，在助念室外，我的手機響起，簡院長來電告訴我檢驗的結果，是第二期的腮腺癌。

　　我問此病的癒後如何？院長有點遲疑，我跟他說：「不要顧忌，請告訴我真實的情況。」

　　他回覆說：「五年存活率大約百分之三十五。」同時推薦我們就近在臺北找國泰及和信醫院的頭頸部腫瘤醫師。我聽完了，還是專心地去幫阿姨助念。

　　回來盤算著如何告訴家人和女兒這件事，同時上網搜尋哪家醫院有較多治療這種疾病的經驗。臺灣的案例不多，多是大陸的訊息，還有美國梅約醫院的資料。

　　緩了兩天，我才在適當的時候，告訴大家這通院長的來電，還有院長推薦我們去找的兩位頭頸部腫瘤權威醫師，幫女兒再動第二次手術，以便更仔細地清除可能感染的地方。

　　我透過若男師姊請和信醫院黃達夫院長介紹了頭頸部的專科醫師，拜訪他時，他說簡院長是他的學長，醫術很精湛，建議還是由第一位動手術的醫師再次清除會比較妥當，因為他才是最熟悉 Grace 頭頸裏面狀態的人。

　　於是，我們再度去到大林慈濟醫院開刀，並請院長在術後幫忙安排中醫做緩和疼痛和發炎的防護。

　　從小到大，我一路都很保護女兒，哪怕是跌倒一個小傷，都會心疼不已，現在她必須動這麼大的手術，我比任何人都擔心著急，深怕一個不小心沒抓住她，她就會消失在我生命裏。

　　當時，我在心裏想了千百種狀況，想到最後還是跟自己說，心中要有正能量，一切都會順利的。我知道我不能慌，我慌了她會更慌，所以我告訴爸爸，我們一定要當她最堅強的後盾。

　　出院後，簡院長將女兒轉診到臺北慈濟醫院的血液腫瘤科做電療。電療期間，幾乎沒有聽她說有哪裏不適，她自己還很慶幸無需做化療。而護理師也讚歎她接受電療的副作用比其他人輕，很可能與茹素有關。

創立電子報

養病期間，女兒創立慈濟美國總會電子報《E News Letter》，她自己承擔總編輯，友涵負責電子報的美編。

　　電療後一段時間，女兒和堅持留在臺灣陪她的友涵，想要搬離家裏，獨立生活，珀玲姑姑就將自己在礦溪旁的公寓借他們住。

　　那是一間很舒適的公寓，家具都是姑姑從美國的家

搬回來的。在那裏，他們承接靜思人文志工林幸惠師姊的緊急委託，翻譯《靜思語第二集》，因為要參加國際書展，時間很緊迫，只好找上這個在養病的快手。

　　他們倆一邊翻譯，一邊與靜思精舍常住師父透過電話充分討論。因為師父常在上人身邊，對法義的了解更為透徹，確定每句話的真實含義後，女兒才翻成英文，再讓友涵看看是否通順。她說一定要用心翻譯，一點也不可以偏差。

　　雖然天母的生活較自由自在，空氣也好，每日可以到樓下，沿著磺溪散步；附近也有一間新開的義式蔬食Miacucina餐廳，那是從前在洛杉磯，常做「好好吃好好吃」的便當給她的慈虔師姊的兒子開的。

　　可是一段日子後，女兒就知道自己的體力還是無法挑戰上上下下爬五層樓。所以他們又再找離家裏和友涵工作的臺大物理中心較近一點的住處，後來租到一處可以遠眺臺北一○一的小夾層套房。

　　在小套房裏，閒不下來的女兒，有了創立慈濟美國

總會電子報《E News Letter》的想法。想到就要做到，經過總會執行長的同意後，她自己承擔總編輯，友涵是負責電子報的美編。兩人在這間小套房裏看著一〇一的煙火，度過了二〇〇九至二〇一〇年的跨年。

名醫與良醫

三位大醫王攜手為女兒開刀。手術前擔心會對顏面神經造成損傷，幸好被割斷的只有一條人類不需要的神經。

有一天，我去小閣樓給他倆送食物，看到女兒耳下長條的開刀疤痕上，有一個小小的凸起；我請北上開會的簡院長再幫她看診，簡院長說這不是復發，應該是最早穿刺時拉出來的腫瘤細胞。

院長很體貼地與臺北慈院商量，就在臺北慈院動手術。女兒好友魏詩郁的父親魏福全，是名聞國際的整形外科醫師，自從女兒生病以後就一直在關心。聽說要在臺北動第三次手術，他表示可以一起進到手術室，所以

在慈院的手術室裏，有三位大醫王攜手為女兒開刀。

手術前，女兒問簡院長，可能對顏面神經造成損傷嗎？很幸運的，在她甦醒睜開眼睛時，站在眼前的簡院長告訴她，被割斷的只有一條人類不需要的神經，是馬在趕蒼蠅時用的顏面神經。

術後，腫瘤科醫師建議再做電療比較安心，但是當我問到，再做電療會有什麼後遺症？醫師回覆說，可能會影響到聲帶或顏面神經等。我也問醫師，如果是你的女兒，會再給她做電療嗎？醫師霎時間難以回答。

我另外請教閻雲醫師：「如果是這樣，我可以讓女兒後續看中醫嗎？」閻雲醫師回答我：「沒有醫師跟你說可以安全地進一步治療，如果中醫說他可以治療，又有何不可？」

為了不再做電療，女兒認真地喝中藥，每天抱著一大罐中藥，走到哪喝到哪，以一個對食物氣味極其敏感又挑食的人來說，這是很不容易的。

傳遞大愛

CNN

她將慈濟在莫拉克風災的資料，翻譯成英文傳給 CNN iReport，將臺灣人相互幫忙的美善精神，傳播到全球。

二〇〇九年，莫拉克颱風在臺灣引起很大的災害，慈濟人深入災區送食物和生活用品。但是居住在國土危脆的山林中，不知道下次災難來臨時，又會有多少人失去家園、失去生命。

證嚴上人請慈濟志工勸導山上的居民下山，地方政府提供了一塊地，慈濟在八十八天內興建完成第一期工程——七百五十二戶大愛村，最後還動用軍隊半夜提供照明，協助鋪連鎖磚。

慈濟也幫每棟房舍居民準備了電視、冰箱、床、客餐廳桌椅、廚房用品等生活必需品，趕在農曆過年前讓

受災民眾入住。

當時女兒腮腺癌才開刀不久，我幾次南下幫忙安排新聞採訪，友涵則南下打掃。

看著慈濟人總動員，女兒一直想她可以做什麼？後來，她看到當時美國國家電視新聞網 CNN 開放「iReport（讀者觀點）」；歡迎媒體素人將自己的見聞傳到這個網路平臺，再由 CNN 決定哪些是有國際新聞價值的，才遴選成新聞播出。

她跟我說，想要取得慈濟在莫拉克風災的資料，將臺灣人勇於面對天災，相互幫忙的美善精神，藉由 CNN 的報導，傳播到全球。

我幫她與何日生師兄帶領的慈濟基金會文史處同仁連結，賴睿伶師姊幫她找尋志工拍攝的資料，她依據這些資料，用英文撰寫了新聞稿，發到這個公民記者平臺。

當天晚上很晚了，我看她還不睡覺，就問她怎麼不入睡呢？

她說她有把握，這麼感人的事蹟報導，會得到 CNN

新聞部的青睞，應該會接到他們的電話，而紐約總部與臺灣的時差是十二小時，正好日夜顛倒，她想等電話。

果然不出她所料，半夜兩點，她接到 CNN 新聞部的編輯來電，進一步確認新聞影片畫面的出處，並且詢問提供這則新聞的人的資料，確認非新聞工作人員，符合公民記者的概念，就在 CNN 新聞時段中播出了！

這是第一次慈濟新聞上 CNN，這次成功的經驗給了女兒很大的鼓勵，因為慈濟人的腳步沒有停歇，後來她又整理了好多則新聞，翻譯成英文，陸續傳給 CNN iReport，其中有很多則被遴選在新聞時段播出。

真實之路

〈真實之路〉是女兒病中陪伴著她的音樂；她身體雖然病了，但心靈境界仍然清涼，不受怨懟染著。

女兒接到音樂家郭孟雍教授的電話，希望她能主唱甫完成的〈真實之路〉。當時她非常擔心自己經歷過

手術和電療，顎顎關節是否能夠活動自如，讓聲音流暢地發出？幸好在錄音間還是唱出了虔誠清淨的〈真實之路〉。

郭教授說，雖然音域沒有過去寬廣，但音色還是一樣清淨無染，並且多了一分情感的流露。

後來民視《異言堂》節目專訪郭教授，他提供了女兒在錄音室錄〈真實之路〉，唱到「因緣不可思議」這句歌詞的側錄影像。之後，大愛劇場拍攝女兒的故事《伊如陽光》，郭教授無償借出他的錄音室，讓劇組人員還原當年的場景。

〈真實之路〉描寫證嚴上人出家與創辦慈濟的心境，還有如何開示悟入，引導眾生行入菩薩道；歌劇裏的第一人稱是由女兒主唱。〈真實之路〉是女兒病中陪伴著她的音樂；她身體雖然病了，但心靈境界仍然清涼，不受怨懟染著。

鼎銘舅舅也請郭教授創作「大愛感恩科技」的歌曲，成了女兒錄音的最後一首歌曲。

五元的力量

女兒提議發起「Power of five」行動，鼓勵人人每月捐獻美金五元，集合這股力量送愛到非洲。

中醫師治療到一個階段，西醫複檢都沒有癌細胞了。女兒急著想回美國，她已經向 Ernst & Young 提出辭呈，但是主管只准她留職停薪，還等著她回去復職，但她回到美國後，只到洛杉磯的慈濟總會當志工。

因為美國總會的努力，非洲第一顆黑珍珠葛雷蒂絲（法號慈蒂），受證慈濟委員後，應聯合國婦女委員會邀請，前往紐約分享「如何提升婦女的地位」，同時慈濟美國各分會也安排她到各處演講。

女兒很歡喜能有機會陪伴她，為她整理英文資料，並幫忙做中文報告傳給花蓮本會。

紐約分會負責人濟舵師兄的太太阿芬師姊，至今還會對我碎念說，女兒借住她家時，白天出去忙，晚上不睡覺，一直在打紀錄、整理報告，念她也沒有用，只好

為她準備消夜。慈濟人就是如此大愛！

　　還沒有遇到慈濟的葛蕾蒂絲，因為先生和外遇對象放火想燒死她和兒子，而對人生失去信心，心中充滿仇恨。遊蕩街頭時，碰上慈濟人在發放，滿心疑惑的她，不了解為什麼最親的人要殺死自己，而來自遙遠不知名國度的人，卻可以如此熱誠地幫助她。

　　為了解惑也為了填飽肚子，她自動加入志工行列，幫忙發放和翻譯，從中學習到大愛與感恩，改變了自己的心態，也和慈濟人一樣張開雙臂擁抱蒼生。

　　祖魯族的女人地位很低，甚至不被允許穿長褲，葛蕾蒂絲加入慈濟以後，不但幫助族人脫貧，也引導她們再去幫助別人，這群祖魯族婦女漸漸受到男人的敬重，翻轉了她們的地位。

　　葛蕾蒂絲回南非後，美國總會慈濟人開會，討論如何長期支援非洲法親，協助他們扶貧、賑災和照顧愛滋孤兒。

　　大家紛紛提出想法，女兒在會議中提議發起「Power

of five」行動，遵循慈濟草創時期「竹筒歲月」的精神——每人每天儲蓄五毛錢，集資起來助人；鼓勵人人每月捐獻美金五元，集合這股力量送愛到非洲。

她的建議受到志工們的贊同，美國總會開始了這個項目的募款活動。

當她兩年留職停薪假期屆滿，無視於 Ernst & Young 公司主管和同仁的挽留，毅然辭去工作，全心投入慈濟美國總會。因為在美國生活，需要有保險才有保障，她成為美國總會的職員，所拿的薪水都用在做慈濟的花費，或者捐回慈濟。

可愛的一面

在生活中，她真是不折不扣地少根筋，這些性格迥異的組合，恰似她 AB 血型的多重面向。

有一次，大愛臺為了宣傳大愛劇場《美麗晨曦》，請男女主角到美國巡迴演出，女主角高慧君臨時無法成

行，美國慈濟人便要女兒穿上原住民服裝代替高慧君，與帥氣的男主角演唱主題曲。

她正與男主角引吭高歌時，頭上沒有夾緊的帽子一再往下滑，她只好邊推帽子邊唱歌，弄得全場觀眾哈哈大笑，變成搞笑版的宣傳，效果還不錯呢！她回來臺灣說給我聽時，還給我看影片，我們母女笑成一團。

她不拘小節，常常隨便找個塑膠袋裝東西就出門了。有一次，靜誼師姊看到她手上拎了一個臺灣帶來的紅白塑膠袋，笑到不行，跟她說：「我真懷疑你是李憶慧的女兒。」

還有一個女兒自己說過很多次的笑話。在美國，有不熟稔的師姊問：「你是李憶慧的女兒嗎？你媽媽很漂亮，（停頓三秒）你長得像爸爸喔！」

其實女兒白淨的皮膚和高挺的鼻梁、超人的記憶像爸爸；細小的腰讓身材看起來玲瓏有致，像年輕時的祖母；圓潤的臉頰，像珀玲姑姑；只有穿起慈濟旗袍，就完全像我了！

　　女兒天生內八字腳，小時候捨不得她不舒服，所以沒有認真幫她矯正。走起路來，還有點像日本女人穿和服走路的樣子；有時急起來，走快一點，就容易跌倒。

　　有一次，美國總會舉辦人醫會活動，她在園區急急忙忙地穿梭，就這麼跌得皮開肉綻，還居然自嘲：「怕什麼！這園區裏有上百位、來自好幾國的醫師耶！」她成為那次百位醫師第一個治療的患者。

　　之後有一次回臺灣，她手臂整個腫起來，她也忘了發生什麼事，想了半天才慢理斯條地說：「可能前一週在美國總會淨山，碰到了有毒的植物吧！」

　　她的律師性格是做起事來清清楚楚，嚴謹而有條不紊；另一方面，她所愛的爵士音樂，感覺又是慵懶不經意。在生活中，她真是不折不扣地少根筋，這些性格迥異的組合，恰似她 AB 血型的多重面向。

PART 3 【合奏曲】

在第六對相遇。

時：二〇〇七年

景：Grace 家（美國 Pasadena）

△ Grace 吹奏著〈在第六對相遇〉，Johan 用心聆聽著。

△ Grace 吹完，放下薩克斯風，Johan 心中被這首曲子
　觸動。

Johan：你真的吹得太好了，這首歌不知為何讓我心中
　　　　有種不同的感受！

Grace：謝謝！這首歌叫〈Meet in the Sixth Pair〉！是
　　　　一首有關骨髓捐贈的歌曲，歌詞的意境很美，
　　　　意思是遠在兩地不認識的兩個人，因骨髓配對
　　　　成功而在第六對相遇。

Johan：the sixth pair？

Grace：因為骨髓捐贈是以二十三對染色體中的第六對
　　　　來判定，非親屬之間的配對成功率更只有十萬
　　　　分之一，這是多麼難得的因緣。

時：二〇〇九年

景：臺北陳宅客廳

憶慧 ：（英文）Johan 歡迎，你們總算回來了！

Grace：爸，我給你介紹一下，這就是 Johan ！

△ Johan 和寬博禮貌握手。

Grace：對了，爸媽，你們也可以叫他歐友涵！

憶慧 ：歐友涵，名字聽起來挺不錯的，這名字怎麼來
　　　　的？

Grace：是之前我們去北京的時候，跟他瑞典的朋友
　　　　Olof 聊天聊一聊就取出來了！姓歐因為他是歐
　　　　洲人，友涵就是 Johan 的諧音，而且朋友的友、
　　　　內涵的涵，和 Johan 的個性很像。

憶慧 ：對，這個名字挺適合他的，那之後你在臺灣可
　　　　以用歐友涵這個名字介紹他給你的朋友認識！

Grace：不過我回臺灣也是行程滿檔，要錄製《八瓣之愛》
　　　專輯的歌曲〈在第六對相遇〉，還有……

△憶慧皺了皺眉。

憶慧　：還有啊……小姐，你沒搞錯吧！你回來是來開
　　　刀的，不是讓你回來臺灣忙的！
Grace：難得回到臺灣，當然要好好地利用時間……
憶慧　：（英文）Johan，你也幫著說說她，Grace 可不能
　　　再這麼忙下去了，這樣會累壞身體的。
Johan：（英文）她在美國就是這樣，沒有用的，所
　　　以我就乾脆尊重她了，只要 Grace OK，我都
　　　OK！
Grace：（微笑）你們看吧！Johan 很支持我吧！

△ Johan 和 Grace 相視一笑。

Grace：對了，爸，你知道 Johan 也很會唱歌吧，上次
　　　　他跟媽咪第一次見面還唱茉莉花給媽咪聽。

寬博　：我聽你媽媽說了。

Grace：所以這一次錄《八瓣之愛》音樂專輯，我才想
　　　　說要跟他一起合唱，這次我們要一起錄唱的歌
　　　　曲就是〈在第六對相遇〉。

△ Grace 說完隨即走到鋼琴前打開琴蓋。

Grace：哇！這臺鋼琴我好久沒彈了。

△ Grace 興奮彈起〈Meet in the Sixth Pair〉前奏，大家
　　聽著 Grace 的鋼琴聲，暫時忘卻了即將到來的手術。

——摘自《伊如陽光》劇本／藍夢荷

✦ Meet in the Sixth Pair ✦

Led by causes from lives past

In this life, we meet again

Call it luck call it coincidence

We meet our match in the sixth pair

Because this life we meet again

All those troubles I don't mind

What we set in motion suits me fine

Let love guide us again this time

You're from far away I come from never land

Can't find a word to say No need to lift a hand

Searching everywhere Our memory was waiting there

From bits and pieces Comes the hope of our lives

✦ 在第六對相遇 ✦

詞／姚思源

隨著前世的因緣

我們相約來到今生

像是奇妙的約定

我們相遇在第六對

因為今生的相遇

千辛萬苦終究無悔

隨著生命的安排

讓愛緣續在這世界

你在天涯 我在海角

不須言語 不求回報

尋尋覓覓 你我深層的記憶

點點滴滴 化作生命的期許

無常倏至

奇妙的基因

我倆個別的一對（兩組）基因中，其中一組完全相同，
而三個孩子同時複製了我們這對相同的基因。

　　二〇一一年春天，清晨五點，大兒子緯霖自行打開
我們房門，把我們都叫醒。告訴我們，兩個小時前他接
到姊姊從洛杉磯打來的電話，說她準備要去住院，因為
得了白血病。

　　我們馬上和女兒通電話進行了解，確認她已確診是
白血病，除了安慰她，也立即分配工作，爸爸訂機位買
機票，我準備飛往美國，也請兩個兒子到慈濟醫院抽血
配對，以備姊姊需要時換髓。

　　其實女兒不久前回臺灣，到精舍時就汗如雨下，全
身都溼透了，身上也有一些瘀青。

　　我要她去醫院做檢查，她急著回洛杉磯。臨行那一晚，我正好出去開會，聽爸爸說她還有些發燒，可是也無法說服她留下來。對自己的健康不在意，無常就步步逼近了！

　　我先趕到美國，爸爸和弟弟們處理好手邊的事情，也先後趕到。大弟弟先比對，和姊姊的骨髓配對是完全吻合。

　　我請閻雲醫師也幫小兒子緯恩驗血，擔心如果換髓前大兒子突然感冒，還有小兒子可以補上，就能降低無髓可換的風險。閻醫師回應說：「大弟吻合了，小弟就不可能，那個機率微乎其微。」我還是堅持自費檢驗，結果出乎預料，小兒子居然也完全吻合。

　　閻醫師對我們家的基因感到好奇，所以也驗了我和爸爸的基因，居然發現我倆個別的一對（兩組）基因中，其中一組完全相同，而三個孩子同時複製了我們這對相同的基因，真的不可思議！閻醫師說他從醫以來，這是第一遭。

慈善工作的價值

在醫院遭遇被趕的當下，我深深體悟到證嚴上人創立慈濟醫院，那分迫切的救急救難的悲心。

我到達洛杉磯 City of Hope（希望城）醫院的第三天，女兒兩隻手臂和大腿有三支針和管線，正在進行過濾壞白血球的治療。

我在病房沙發上，看著醫院的簡介，病房門忽然被打開，一位女士探頭進來說：「我是醫院的財務組員，救護車已經在樓下，要載 Grace Chen 到公立醫院，因為她的保險沒有涵蓋我們醫院。」

當時，我瞥見女兒身上三個針孔同時滲出血來，我馬上站起來大聲地說：「保險不給付，我們會自費。」那位財務室的女士先是一愣，不發一語地又把門關上。我放下手上的簡介，過去抱住女兒，她的身體微微顫抖著。因為我們都知道，公立醫院不是血癌專責醫院，哪有能力治療？

　　二〇一一年是我加入慈濟志工第二十三年，參加過許多訪視、發放、機構關懷、災區清掃、國際賑災等慈善工作，總覺得就是隨著基金會的規畫，幫助需要的人。在醫院遭遇被趕的當下，我深深體悟到證嚴上人帶領慈濟人為貧病奔走、為救苦救難創立慈濟醫院，那分迫切的悲心。晚上我打電話回臺灣，請二姊佳穎幫我寫一張支票，隔天專程拿回精舍捐出。我真心了悟，在我們能力所及，應該為救苦救難多注入一分力量。

　　十分巧合的是，女兒在美國希望城醫院治療期間，如果沒有保險理賠，我們要付出的醫藥費，居然和我為女兒植福的那張支票同等金額。

心芽合唱團

這個合唱團是女兒創辦的。他們利用假日參與慈濟活動，到老人之家、遊民區關懷，在活動時演唱慈濟歌曲。

　　女兒和朋友交心是很真誠的，她進入 City of hope

醫院治療，乘著白血球指數未下降前，心芽合唱團的年
輕人趕來看她，她很高興。

　　這個合唱團是女兒創辦的，希望藉此機會接引離開
學校的上班族年輕人，經由聚集練唱、在慈濟活動獻唱
而認識慈濟。他們利用假日參與慈濟活動，到老人之家
關懷、在洛杉磯遊民區為遊民做素食漢堡和發放，並且
在活動時演唱慈濟歌曲。

　　女兒在 Pasadena 家的客廳裏，有一臺珀玲姑姑送她
的白色鋼琴，二樓也有一臺電子琴，大家還可以分部練
習。她在臺灣養病期間，還是鼓勵這些年輕人到她家繼
續練唱。後來因為白血病回到臺灣，她一直希望 Tiffany
承擔團長繼續帶領團隊。

　　Tiffany 得知女兒罹患白血病，第一時間就在臉書成
立「Support Grace for Quick Recovery（支持 Grace 早日康
復）」專頁，這也是讓女兒在生病期間，不斷得到朋友
祝福與關心的一個窗口，是支持她的一股很大力量。

　　後來，女兒透過這個平臺向人募心募愛，告訴親友，

「如果你要祝福我，自己先當一個有福的人，要發願茹素、要支持 Power of five 募款活動、要行善。」我後來整理 Pasadena 的房子時，將女兒的樂譜都送給 Tiffany，希望她能繼續女兒的心願。

Cindy 是一個貼心的女孩，總是在女兒要上臺時幫她化美美的妝。女兒第一天住進 City of hope 醫院時，她知道我當晚來不及趕去美國，就特地到醫院陪伴女兒過夜。後來大愛劇場到美國拍攝，Cindy 來幫忙，還飾演了一個角色。

團中有一位男孩 ED（李崇華），歌聲相當不錯，大兒子結婚時，ED 也在臺灣，女兒邀請他一起上臺唱歌祝福。在女兒製作的慈濟英文歌曲光碟中，當然少不了他的歌聲。

女兒往生隔年的冬天，他搬回臺灣陪伴父母，也回應了女兒病中的勸募，捐了一百萬善款。至此每到年終，我總會接到他和家人要捐善款的電話，真是把握及時行善行孝、有福的一家人。

　　Jack 是女兒從慈青時代就認識的男孩，像個弟弟一樣，女兒第一次結婚後，樓中樓的房子有一個閣樓房間，Jack 在她新婚不久就搬進來住。後來還破例收 Jack 的女兒當乾女兒，通常她只收乾兒子。

　　大愛劇場到洛杉磯拍攝，Jack 自願當十天司機，並且幫忙打點劇組的餐飲；十天後他被公司革職了，我關懷他，他居然說沒關係，他本來就要辭職。

　　James 是女兒的大學同學，她邀他一起做慈濟，也是像哥兒們一樣的情感，兩人無話不說。他進入社會工作後，就捐了百萬善款。女兒往生後，我鼓勵 James 要志業事業雙軌並行，他央我幫他報名，再次參加慈濟培訓，在臺灣完成之前在美國未完成的受證，成為一名慈誠，也以太太的名義捐了百萬善款。

　　他在臺灣、上海兩地飛，只要回到臺灣都會投入志工行列。尤其是每年五月浴佛，他一定回來幫忙，並且支持慈濟在臺灣東部偏遠地區重建學校，以成本價提供他代理的國際名牌環保產品省水便斗。女兒往生後捐贈

大體給慈院病理科解剖，還是高大的 James 幫忙抱起她入殮。

　　新冠病毒疫情期間，為了感恩辛勞加班的中央部會同仁，我們請長官們向同仁勸素，由他們自行登記，我們送去營養美味的蔬食餐盒。James 也用他那輛高級轎車幫忙載送便當，付出得很歡喜，而且也發願茹素。聽到我要去花蓮，他一大早就開車來載我過去，擔心我在公共交通上染疫。兒子們只會叫我不要去，他比兒子還孝順，直接載我來回。

美國法親

濟捨對她的信賴，是她在菩薩道上的鼓舞力量；靜誼教她主持的技巧，傾聽她的心聲，就像是她在美國的媽媽。

　　思賢師兄一直很照顧女兒，女兒在加護病房時，他特地過來關懷，給我建議說：「如果 Grace 是我的女兒，我會……」可以看出，他就是以那分爸爸的心在對待。

　　靜誼師姊總是把活動主持棒交給女兒，教導她主持
的技巧，帶著她學習，還要傾聽她的心聲，排解她的疑
惑，就像是女兒在美國的媽媽。

　　文莉師姊在活動方面與女兒有許多交集，兩個人都
有豐腴的臉頰，不熟的人偶爾會弄錯她們兩人。

　　我到 Pasadena 整理女兒的遺物辦義賣時，她主動補
位幫忙收善款和點交。大愛劇場到洛杉磯拍攝，她也是
主動補位，幫劇組許多忙，製作人還因此不需前往美國。

　　劇組與我分享，早上起床總是看到文莉師姊在準備
他們的早餐，讓他們十分感動。

　　美國總會的菩薩都很疼愛女兒，濟捨師兄對她的信
賴，是她在菩薩道上的鼓舞力量。她說寫好的新聞稿請
濟捨師兄指正，他都說她英文好，不用再看，放心讓她
發稿，讓她發行英文電子報。

　　我偶爾到美國跟女兒住一兩週，如果到月底，就會
看到她急著回收請大家翻譯的文章，因為有英文《慈濟
月刊》出刊的壓力，所以很緊張。

　　平日她都會回家陪我吃晚餐，但是每週四下班會直接去 San Gabriel（聖蓋博）的靜思書軒指導委員合唱團，他們都稱呼女兒「Grace 老師」，慈虔師姊總會幫她準備一個「好好吃好好吃」的便當，這是女兒對那個便當的形容詞。

　　後來，慈虔師姊和兒子回臺灣開了 Miacucina（我的廚房）義式蔬食連鎖店，很受年輕人喜愛。

心靈資糧

懺悔文

在孤寂的病房歲月，我們誦過〈懺悔文〉，就和精舍同步做早課、薰法香，聽證嚴上人解說《法華經》。

「欲知前世因，今生受者是；欲知來世果，今生做者是。」佛經上指引我們如何知因果，如何甘願做、歡喜受。

從小受美國教育，中文程度不算很好的慈舜，雖然天天在翻譯上人的開示，但是並不愛念經文；在美國因白血病住院治療期間，念〈懺悔文〉是我們母女每天的功課。

每天午餐過後，慈舜稍做休息，母女倆就會拿出經文來誦念，她遇到不明白的字句就和我討論。偶爾母女倆也會相互辯論，道理總是愈辯愈明，隨著對經文的理

解，更明白因緣果報的道理，而歡喜信受。

　　誦念過〈懺悔文〉，接下來我們就和精舍同步做早課，薰法香，聽證嚴上人解說《法華經》。這是我們在孤寂的病房歲月，最豐富的心靈資糧。

歡喜受

一般女孩做化療，要過落髮這一關是最難過的，女兒卻將頭髮一次剃光。隔天，小兒子也剃了個大光頭。

　　慈舜一直保持樂觀的態度，面對所遇到的一切病苦挫折。

　　她總是說自己是幸運的人，先前腮腺癌治療期間，很幸運的是無需經歷化療的痛苦；罹患白血病後必須在鎖骨下放一個人工血管，隨時準備做化療，然而她還是喜滋滋地享受全家人和慈濟人給她的愛。化療所衍生的痛苦與不適，都因為回到花蓮後，中醫師沈邑穎每週日固定來教我們穴道按摩，而減輕許多。

　　一般女孩做化療，要過落髮這一關，是最難過的。在美國的醫院開始第二次化療後，地上漸漸出現落髮，慈舜要我請來醫院美髮部小姐，將頭髮一次剃光。

　　我自忖如果是我，也沒能這麼果決地除掉三千煩惱絲，嘴巴讚說女兒頭形很美，心裏卻很不捨。那天晚上想著，是否我也將頭髮剃光陪伴女兒，隔天小兒子卻先我一步剃了個大光頭，跑來病房和姊姊打打鬧鬧玩合照，兩個人還真是長得一模一樣。

　　我理智想想，等女兒病情穩定，我還要做慈濟，還真不能剃光頭。

無明

我情緒一下子湧上來，明明已經接受了這個女婿，但我一時還是無法將此刻性命受到威脅的女兒交給別人。

　　友涵在慈舜發病時，正好與慈濟發放團隊在海地，焦急的他在第一時間趕回來。可是他正好感冒身體不

適，必須自我隔離一週，相信當時的他心裏一定很煎熬。

有一天我從醫院回家，一開門看到他回來了。給他一個歡迎擁抱後，我望著他說：「這就是我們一直不答應你們結婚的原因，因為慈舜的身體還不穩定，我們不希望給你增加負擔。」

他卻回答：「This is the burden I choose!（這是我自己選擇的負擔）」

有一天我們一起在病房內，護理師進來問我們，「如果慈舜不能自主決定治療方式時，誰是她的代理人？」我和友涵不約而同站起來說：「我！」望著友涵堅定的眼神，我情緒一下子湧上來，在眼淚潰堤前衝出了病房。明明已經接受了這個女婿，但我一時還是無法接受，要將此刻性命受到威脅的女兒，交給別人的衝擊。

當時的我太自私，只顧自己的感受，卻不顧病房中女兒的感受，那是她唯一一次在病房中哭泣，她告訴友涵，只有家人都在她身旁才是最幸福的。後來她拜託美國總會志工 Michael Tsai 來病房，為友涵講解東方家庭

的關係。

　　其實友涵來自一個和睦的大家庭，他有兩個哥哥和四個弟弟、妹妹，每年都會團聚一次。可是在那個當下，我們都只想到要照顧自己所愛的人，卻不自知地讓女兒傷心擔心。

考驗

抽取脊髓液檢驗，女兒頭暈得很難受，甚至還頭痛，痛到說要放棄治療。這是她唯一一次說難過得「受不了」。

　　整個生病過程中，慈舜唯一一次說難過得「受不了」，是在美國治療時要檢測脊髓液，看是否被白血病細胞感染，必須從背後脊椎抽取脊髓液檢驗。這項手術術後必須平躺在床上四小時，慈舜頭暈得很難受，回到家裏甚至還頭痛，痛到說要放棄治療。

　　週末只能到急診處找值班醫師，無法接觸到主治醫師。折騰好幾次後，才知道是脊髓液滲漏，補救措施是

抽少量的血注入脊椎中，好讓血在裏面凝結，填補空洞。研究起來，可能連最小號的抽髓針，對她來說都還太粗，這個情形回臺灣檢查時都沒有發生，這也是我們選擇回臺灣治療的原因之一。

當時有一突發事件，讓回臺之路有了阻礙。在一次腦部檢查中，發現慈舜的腦前葉有白色斑點，這讓主治醫師和我們十分擔心，還好第三次電腦斷層檢查時，這白色斑點消失了。

他們通知我這個喜訊時，是我回臺灣親自向上人報告情況的那天半夜。我興奮得隔天一早五點就趕到關渡園區，上人一見到我就問：「要回來嗎？」我連聲說：「感恩上人，我們要回來。」

骨髓移植

告別美國

隔著落地窗，女兒依舊滿面笑容，請大家不要擔憂，因
為她很高興就要回到心靈故鄉、證嚴上人的身邊。

　　慈舜二〇一一年白血病發病後，經過兩次化療，進
入緩解期，這時候白血球數量稍稍趨向正常。

　　就在大家聽到她要回臺灣以前，乘著外婆特地飛來
美國看她，我們邀請了慈濟人來，在小院子裏隔著落地
窗和女兒見面，這是她最後一次與美國慈濟人見面。

　　幾位合唱團的師姊，含著淚叫著「Grace 老師」，
不捨平日活力十足的年輕菩薩，怎麼忍受這麼多苦？

　　女兒還是依舊滿臉笑容，一再安慰大家，請她們不
要擔憂，因為她很高興就要回到心靈的故鄉、證嚴上人
的身邊。

　　其實我聽說外婆專程要來，就打電話回臺灣勸她不用過來，我們很快就要回去，但是誰也沒辦法攔住老人家，她還是飛了十多個小時，急著要來看看外孫女。

　　女兒最後在加護病房時，八十四歲的外婆每週一次，來回坐六小時的火車，就是默默地來看看她，又默默地回去。當外婆第一次出現在加護病房門口時，我看到老媽媽，禁不住一把抱住她，痛哭失聲。

　　女兒往生後，她跟我說：「我好幾次跟佛祖說，如果一定要帶走一個人，就帶我走好了！拜託把瑩瑩留下來，她還可以幫上人做好多事。」

　　女兒的外婆，是我在十三歲失去親生母親後，把我養育長大的媽媽；女兒的外公，慈濟人稱「李爺爺」。

　　李爺爺是廈門人，十分有緣的是祖籍泉州的親生母親，到廈門鼓浪嶼的菽莊花園紅樓待產，我就是在當地出生的。

　　三歲的我跟著母親到香港住了兩年，才來到臺灣，和李家從鄰居變成好朋友。

　　母親以前在大陸的學校教書，有時會幫李家老奶奶寫信回廈門。後來李家爸爸自己創業，母親也幫忙看看帳，甚至小額投資他們新創的公司。

　　李家爸爸還請母親為公司取名「建興航運」，並擔任總經理，但是沒多久母親就得了肺癌，當時我才十三歲。此後，李家媽媽常要廚房燉補品，讓我送到醫院給母親吃。

　　母親臨終時掛念我，無法瞑目，李家爸爸將手蓋住母親的眼睛，跟她說：「你放心去吧！我們會把你的女兒當成親生女兒一樣，撫養她長大。如果她要留學，我們會送她出國；如果她要結婚，我們會幫她找一個好人家，讓她幸福。」

　　他大手放開時，母親微笑闔目而去。自此我就在李家成長，老奶奶和爸爸、媽媽、姊姊、弟弟都無差別地疼愛我。

　　我在這一個大愛的家庭長大，加入慈濟後，聽到很多證嚴上人的教導，都與李家家訓相似。

回到心靈故鄉

女兒選擇回臺灣慈濟醫院做治療，心中早已打算好，即使沒能治癒，也可以將身軀奉獻給慈濟做醫學研究。

臺北慈濟醫院趙有誠院長在我們返臺後告知，證嚴上人說慈舜也可以選擇在臺北接受治療，畢竟我們家在臺北較方便照顧。

我將上人的關懷轉告女兒，但是她堅持回花蓮慈院做骨髓移植和治療，以便更加親近上人。

事後回想，當時女兒在美國聽到醫師解釋她的疾病比較複雜，是急性淋巴性白血病加上費城染色體（ALL+Philadelphia Chromosome）異常，就表示要回來臺灣慈院做治療。

她心中早已打算好，即使沒能醫治好，也可以將自己奉獻給慈院做醫學研究。

聽說我們要回來，精舍德如師父和曾慶方師姊，幫忙向曾裕真師姊商借房子。

　　裕真師姊在花蓮有一棟漂亮的雙層別墅，就在上人從市區回精舍的「師公路」旁；小社區裏的幾棟別墅建築都很有特色，其中也有建築師自己蓋的房子。

　　裕真師姊告訴我們，她因為全天都在精舍，自己住個大別墅實在不方便，所以搬到市區有管理員的大樓裏；本來要將別墅賣掉，上人要她先保留，說是可以跟海外回來的慈濟人結緣。沒想到居然是我們！

　　我本來也有考慮，如果慈舜喜歡，就跟裕真師姊商量轉售給我們，但是慈舜認為那棟別墅對她和友涵來說太大了，不容易管理。

　　她就是如此務實，不因為物美而心喜想要擁有，總是盤算是否符合自己的需求，和日後管理費用的問題。

　　慶方師姊除了幫我們找住的地方，還很熱心地介紹很多好吃的蔬食餐廳。

　　每次女兒想吃一點特別的食物，我們就去造訪花蓮的蔬食美食；甚至在移植室的日子，家裏的食物吃厭了，我們就去她指定的餐廳外帶食物。

骨髓移植

弟弟的骨髓注進姊姊的身體裏，她沈沈地睡著了。醒來
望著移植室外的家人，奮力揮手，彷彿告訴我們她很好。

回臺灣以後，女兒經過兩次化療和一次殲滅性的化
療，就住進了花蓮慈院骨髓移植病房，友涵也向醫院要
求一起住進去。

據那兒的護理長說，唯一一次和病人住進去的家
屬，是一位五歲小弟弟的媽媽，可是她只住了幾天就無
法再住下去，因為那是無菌室，不能使用裏面病人專用
的廁所；吃飯、上廁所、洗澡都要出來外面，一次來回
要消毒、全身衣服都要換，要花上半小時，根本讓人無
法忍受。

為了讓友涵在裏面睡得舒適一點，我買了一張摺疊
床進去，院長也特別放了一部健身器材到另外一間空的
移植室，讓他可以跑步。

大兒子在捐髓前一段時間，要陸續施打生長激素，

讓骨髓增生，我因為在花蓮照顧姊姊，沒有機會為他進補，只有用電話一再提醒他，要保持最好的身體狀況，才能給姊姊骨髓。

兩個弟弟中，女兒選擇了大弟弟的骨髓，她説因為大弟弟不抽菸。

女兒移植手術那天，大兒子一早就到慈院挽起袖子抽髓，他看了兩部電影就抽好了，只有拔針讓他手臂瘀青一片，對身體並沒有什麼影響；幾年後，他太太又生了一個四千五百八十公克的女兒。

弟弟完全吻合的骨髓，當天下午注進姊姊的身體裏，輸髓的時候，她沈沈地睡著了，醒來已經完成骨髓移植。她望著移植室外的全家人，奮力地揮揮手，彷彿告訴我們她很好。

移植後，有一次女兒聽護理人員説，有位女孩得到白血病，哥哥與她配對成功，但是媽媽不肯讓兒子捐髓給女兒，因為她的家人對捐骨髓有疑慮，不想讓兒子冒這個險。

　　另一位是臺北美國學校的校友，父母知道他得白血病後，第一件事居然是將他名下的財產過給其他家人。

　　這都是父母對骨髓移植不了解也沒有信心，女兒聽了很難過，同時也覺得自己好幸福，父母都因為參加慈濟多年，對骨髓移植有正知正見。

　　骨髓移植室的護理人員聲稱女兒是「Eating Queen（好吃女王）」，因為他們從來沒有看過做骨髓移植的病人，食欲還那麼好的。

　　所有要送進移植室的食物都必須經過消毒，風味就差很多，而且病人身體狀況通常不好，會嘔吐。可是女兒每天都會跟我點菜，吃得津津有味，完全不需要注射營養劑。

　　我和爸爸、弟弟們每天都會到隔離病房窗前陪她聊天，各地來的法親也都來為她加油，美國奚思道師兄更是強力鼓勵她，趕緊好起來，可以回美國完成她發的願。

　　後來我們才知道，當時奚師兄已身罹重症，那是他最後一次到花蓮拜謁上人，回到美國不久，他就往生了。

朋友的愛

這些與女兒結好緣的孩子們，之後把對女兒的情誼，轉注在慈濟和我的身上，令我深深感懷。

女兒常誇好友魏詩郁對孩子的教育非常成功，兒子 Kyle 禮貌懂事又很聰明。詩郁待產時住在女兒 Pasadena 的家，孩子出生後就認女兒作乾媽。詩郁的父親魏福全院士是國際知名的整形外科醫師，在女兒腮腺癌開第三次刀時，進到臺北慈院開刀房全程參與。

女兒骨髓移植後，魏院士全家大小到花蓮來看她。一出火車站，魏夫人美英師姊抱著孫子，不小心跌斷了鼻梁，緊急送到慈濟醫院；魏院士指導他的學生，也是慈院整形外科主任為夫人醫治。為了不讓我知道，以免我擔心難過，他們在旅館休息了幾天，鼻梁消腫後才來病房探望女兒。

我十分不捨也很難過，為了來看女兒，魏夫人那像湯蘭花的美麗臉龐受了傷，她卻笑瞇瞇地說沒事，幸虧

有魏院士這麼專業的整形美容醫師悉心照顧。

　　當詩郁在臉書上看到友涵貼文告知慈舜往生的當下，魏院士全家旋即奔來花蓮，想為女兒助念。因為我請慈濟人助念兩個小時就休息，所以他們一家抵達慈濟醫院助念室時撲空了。魏院士是十分忙碌的大醫王，居然放下一切，帶著孫兒，全家大小趕來花蓮，對這分深厚的情誼，我們家人心中的感恩，不是言語所能表達的。

　　曾為慈濟義務演唱二十二場的以色列歌手 David D'or（大衛迪歐）也在女兒住在同心圓宿舍療養時來看她。隔著宿舍的陽臺，女兒和很多關心她的人見面。

　　從美國回來在花蓮慈院上班的 Enid 也為女兒做海報，每換一間病房就做一張，為的是讓前來探望的親友們可以在上面簽名鼓勵她。

　　ED、Cindy、Jack、James……這些與女兒結好緣的孩子們，之後將對女兒的情誼，轉注在慈濟和我的身上，令我深深感懷。

休息修習

同心圓宿舍休養

她請友涵為她錄影，傳給在美國為她祝福的法親。她說自己正在康復中，也鼓勵大家要發願傳法到西方世界。

骨髓移植手術後，女兒在隔離病房住了一段時間，因為天氣漸涼，曾主任的別墅在山邊，風比較大，我們就搬到同心圓宿舍，和慈院院長、各科主任及主治醫師在同一棟樓，所以很安心。

二〇一二年農曆春節，女兒換髓後第五個月，爸爸擔心她免疫力還很低，往返桃園老家與花蓮之間，搭飛機或火車都有被感染的風險，搭自家車同樣舟車勞頓，就建議女兒和友涵留在同心圓宿舍過年。

她請友涵為她錄影，傳給在遙遠的美國思念她、為她祝福的法親。她告訴大家自己正在康復中，請大家安

心，也鼓勵大家，要發願傳法到西方世界；她還握拳比
著手勢，鼓勵大家説：「我們都做得到！」

除夕那天，她的眼睛小血管突然破裂，眼白都紅了。
她打電話給王佐輔主任，十五分鐘後主任就來敲門了。
原來因為太太臨盆在即，他們全家也沒有回南部老家過
年。檢查後，王主任説無礙，只要多攝取維他命 C。

女兒沒有忘記每年大年夜一定要做的事，就是打電
話向祖母賀年。當然我們這些和祖母一起過年的人，每
一個人都和她聊上幾句。

大年初三，是我們全家固定回花蓮向上人拜年的日
子。這一年，我們在花蓮住了幾天，保持距離地陪伴她。

中醫來照顧

沈邑穎醫師轉達上人的開示：「不要把自己困在小乾坤
裏，趕快自由自在地出來到大乾坤中悠遊。」

多次做化療的人，身體會衍生許多痛苦與不適，多

虧關山慈濟醫院中醫科沈邑穎主任，固定週日來教我們穴道按摩，使女兒身體狀況改善許多。

全身水腫不適時，沈醫師教我們在她身邊開個除溼機就解決了。

媒體稱沈醫師是「秒殺醫師」，因為她的門診掛號總是一貼出就額滿，她的時間如此寶貴，但是每週六下午一到花蓮，就直奔我們住的地方，好像感應到女兒的呼喚一般。

她不但照顧女兒也照顧我，女兒在加護病房時，我就常常被她抓去針灸，即使週一是她在花蓮唯一的門診時間，通常看診都要看到半夜。

女兒進加護病房一段時間後，有一天，沈醫師又來看她。

沈醫師說她剛從精舍來，要傳達上人的開示，上人囑咐慈舜：「不要把自己困在小乾坤裏，大乾坤很壯闊很美麗，趕快自由自在地出來到大乾坤中悠遊。」

閻雲醫師

閻醫師只要在臺灣，就會撥空來花蓮看女兒。通常是週五搭最後一班飛機，隔天回精舍見上人後才來看女兒。

女兒在美國發病時，第一位搶救她生命的閻雲醫師，後來應臺北醫學大學的邀請，回來臺灣擔任校長。他同意慈舜回來臺灣治療，認為慈濟大家庭會是一股很大的支持力量。

只要閻醫師在臺灣，就會撥空過來花蓮看女兒。通常是週五晚上搭最後一班飛機，隔天一早我陪伴他回精舍見上人後才來看女兒。

我與閻醫師結緣在第一屆慈濟大學醫學研究所開學，新生相見歡的時候。在那之前三個月，有一天上人問我，「你在慈濟護專的懿德孩子都四年級了，他們都去實習了，對嗎？我再給你新的任務。」

上人要我承擔醫學研究所的懿德媽媽，我連忙跟上人說，我只是大學畢業，沒有資格帶這些研究生；可是

上人說，擔任懿德媽媽並不是要我們傳授專業，而是希望給學生品德教育，以慈濟的精神陪伴學生心靈成長。

很感恩上人給我這麼難得的學習機會，確實在陪伴研究生的過程中，我自己也有很大的成長。開學日與學生們相見歡那天晚上，我見到這位傳說中的美國腫瘤專家，他也是支持上人創立慈濟骨髓資料庫的大護法。很榮幸能與他成為這十一位第一屆研究生的懿德父母。

沒想到一週後，我接到閻醫師從美國打來的電話，他告訴我：「很抱歉！我要讓你當單親媽媽了！」因為他的研究團隊一時還無法回來臺灣。但是他說：「你有事找我，我一定優先幫忙。」

那時我心裏想，你是腫瘤科醫師，我最好不需要找你！事實上，美國慈濟人或慈濟照顧的人生病，他都很用心照料。我想他對每一位有緣給他治療的病人，一定都是無差別地用心，因為他也是上人的好弟子。

有一次他到花蓮看慈舜，正好是花蓮慈濟人《水懺演繹》的日子，所以請他特別撥時間，提早到花蓮小巨

蛋入經藏，隔天再回精舍見上人。《水懺演繹》讓他十
分震撼，也有很多省思。這麼一位仁心仁術的大醫王，
不僅有精湛的醫術，更有深厚的佛學底蘊，他在行醫之
餘，還會把握時間鑽研佛法。

定居花蓮

這房子陽光充足、空氣對流好，位在精舍與慈濟醫院的
中間點嘉里村，可以看見中央山脈和綠油油的稻田。

　　慈舜心心念念要在上人身邊，不論是養病時或是將
來康復，都希望能常回精舍，在上人座下。為了讓她身
心安頓，我找仲介在花蓮看房子。花蓮市區多數是透天
厝，樓層面積不大，前後左右與鄰居的距離又很近，所
以漸漸往精舍所在的花蓮縣尋找。

　　有一天，仲介載我經過新城鄉，看到一排新房子，
造型相當新穎，又是我喜歡的灰色系。

　　我請仲介停車，想下去看一看，但仲介說那個社區

的房子已經完售。我還是親自下車詢問，現場經理馬上
帶我進去看。

評量下來，這批房子正符合我擇屋的條件：陽光
充足、空氣對流好、浴室都有窗戶，每一層樓的面積不
會太小。最重要的是位在精舍與慈濟醫院的中間點嘉里
村，地勢略高，又是邊間，一樓就可以看見中央山脈和
綠油油的稻田。

但是慈舜嫌太大，又擔心颱風時風大無遮攔，所以
她挑選中間的一棟。接下來，她就在瑞典家具公司的網
路選家具和掛飾、型錄上挑電燈。維持她一向的白、灰、
黑風格，沒得妥協。

音樂是生命

搬到花蓮的新家後，慈舜想要一臺音色接近鋼琴的電子
琴，友涵馬上幫她實現願望。

音樂是慈舜的生命，天賦的絕對音感，讓她對音符

的敏銳和情感高於一般人。自三歲學習鋼琴，中學以後又接觸薩克斯風、打擊樂器如鐵琴和鼓等，此外歌唱也是她的強項，從小到大得過無數的獎項。

美國總會請她將慈濟歌曲翻譯成英文，並製作音樂光碟，前後共製作了四輯，在全球營隊時與海外各國結緣。最後一輯取名《Eight Petals of Love（八瓣之愛）》由靜思發行流通，更成為大愛劇場慈舜的故事《伊如陽光》貫穿全劇的音樂。

另外，她與周白也創作了一部音樂舞臺劇，後來因為美國總會年度預算有困難，就擱置沒有機會呈現。自彈自唱和創作音樂，是女兒最嗨的自娛時光。

搬到花蓮的新家後，當慈舜想要一臺音色接近鋼琴的電子琴時，愛她的友涵馬上幫她實現願望。她選擇電子琴，是因為除了可以彈奏，還有創作樂曲的功能。我們挑了一臺河合鋼琴不再量產的絕版琴，價格很實惠，功能也很好。

電子琴送到嘉里村的家後，慈舜在做翻譯、編輯等

慈濟事之餘，就可以常常自彈自唱。

好喝的營養品

她對藥味重的營養品不能接受，大弟以她的英文名字成立 Grace Biotech 祈憶生技公司，研發各種口味營養品。

慈舜是一個骨髓移植受髓者，需要一直服用抗排斥藥物，所以免疫力還是很差。

為了讓她居住的環境清潔無虞，我請醫院介紹的消毒公司來同心圓宿舍和公共區域，以及嘉里村的家和臺北的家，進行全面消毒，以保護她的安全。

女兒居住的地方一定有數臺除溼機、空氣清淨機，維持空氣的品質。擔心她會吸到油煙，我們還把嘉里村透天厝的廚房搬到屋外的玻璃屋，碗盤更是一定要使用烘碗機烘乾、殺菌。做好所有的防護，就是要防止她接觸到她不能承受的病毒。搬到嘉里村新家之後，住處安定下來，慈舜的身體也有起色。

　　友涵除了學習中文和參加慈濟志工培訓課程，每週往返花蓮、臺北到臺灣大學教書。他是全球為數不多的高能量物理學家，所以每次回來臺灣，臺大物理研究所的教授總希望他能去帶博士後的學生做研究。

　　慈舜偶爾身體狀況許可，就抱著電腦進精舍隨師。可是身體還很虛弱，很容易累，醫師要她喝營養品，挑食的她對藥味很重的營養品不能接受。

　　大弟就以她的英文名字成立 Grace Biotech 祈憶生技公司，致力於研發各種口味的營養品。

　　然而研發出好喝的「力增飲」時，慈舜已經進入加護病房插管。產品量產並取得衛福部的醫療級營養品認證，已經是兩年以後的事了，雖然趕不上救姊姊，但是現在幫助了很多人。

　　Grace Biotech 繼續為其他品牌研發改進口味，希望所有生病虛弱的人，或者營養不均衡的人，都可以有好喝的營養品來提升免疫力，弟弟努力將她的愛延續！

PART 4 【安眠曲】

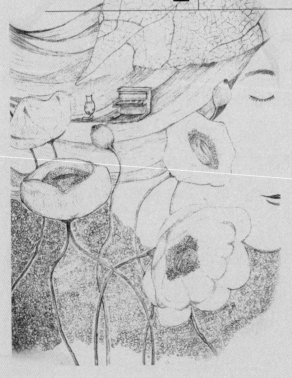

Beautiful dreamer

時：二○○八年

景：美國加州 Santa Catalina Island（聖卡塔利娜島）。

△碧海藍天，海鳥飛過，浪花不停地打來，海風吹拂著
　躺在沙灘上的 Grace 與 Johan，此時夕陽把沙灘映照
　成一片金黃。

△ Grace 開心地依偎著 Johan，兩人幸福自在。

Grace：好可惜沒帶薩克斯風來，不然在沙灘上吹薩克
　　　　斯風感覺一定很棒。

Johan：我跟你說過，我曾經夢想過當一名樂手嗎？

Grace：真的嗎？其實我也曾經想要當一名歌手，還自
　　　　己錄了 Demo 要寄給唱片公司。

Johan：那真的很可惜，因為你的歌聲真的很棒。

Grace：不過現在能跟心芽合唱團一起唱歌也很棒，如
　　　　果我能跟 Ella Fitzgerald（艾拉·費茲潔拉）那樣，
　　　　到老的時候還能有那麼優雅的歌聲唱歌，該有

多棒！

Johan：一定會的，等你老的時候，我一定還是你的最
　　　　佳聽眾。

△ Grace 隨興地清唱著〈Beautiful Dreamer〉，夜晚伴
　　隨著 Grace 清唱的歌聲來到，滿天星辰也悄悄布滿在
　　黑色天空上，帳棚外營火已點燃，Grace 歌聲漸收。
△ Grace 躺在 Johan 身旁欣賞著滿天星辰。

Grace：這裏的星空真的很美。

Johan：但重點是，陪在我旁邊的人是你。

　　　　　　　——摘自《伊如陽光》劇本／藍夢荷

◆ Beautiful Dreamer ◆

lyricist ／ Stephen Foster

Beautiful dreamer,

Awake unto me,

Starlight and dewdrops are waiting for thee;

Sounds of the rude world heard in the day,

Lull'd by the moonlight have all pass'd a way!

Beautiful dreamer,

Queen of my song,

List while I woo thee with soft melody;

Gone are the cares of life's busy throng,

Beautiful dreamer,

Awake unto me!

Beautiful dreamer,

Awake unto me!

✦ 美麗的夢中人 ✦

美麗的夢中人，

快快醒來，

星光和露珠在等待的你；

白天的喧嘩已經消失，

銀白的月亮散發光彩。

美麗的夢中人，

歌中的皇后，

溫柔的歌聲會使你開懷；

忙碌人群的世事已完畢不再繁忙，

美麗的夢中人，

快快醒來！

美麗的夢中人，

快快醒來！

復發驚噩

復發

慈舜的身體承受不住化療藥物，連續發燒，肺部感染，血氧下降，兩週後就進入加護病房插管。

曾聽說有白血病患者，骨髓移植後一年因為吃生食，所以復發往生。

我們引以為鑑，但是慈舜身體漸漸好起來就大意了。有一次回臺北和友人吃飯，飯後吃了冰品，腸胃漸漸不適，一下子瘦了很多。

在臺北看醫師說沒有關係，回花蓮第二天就便血，馬上入院，醫師說是復發，給了第二代的藥，效果很好。但是醫師擔心再復發，要慈舜馬上做化療，並且再一次移植骨髓。

慈舜好一陣子沒能好好吃東西，我們希望能有一週

時間幫她調養身體，可是醫師擔心再復發難以治療，慈舜的身體承受不住化療藥物，連續發燒，肺部感染，血氧下降，兩週後就進入加護病房插管。

尋求良方

口說好話改善母女之間的互動，心想好意才是最好的祝福，身行好事就是菩薩招生，為眾生布施大福良田。

回顧二〇一二年十一月六日的紀錄，慈舜是在十一月二日週五便血住院，醫師用 dasatinib（柏萊膜衣錠）和大量類固醇搶救。

五日週一清晨抽血檢驗，白血球下降很多，但是血小板也下降，需要補充，最重要的是癌細胞從百分之七十減至百分之六十四，再到百分之零點五，期待與祈禱，新藥的效果能夠持續。

記得二日聽到訊息，不敢跟病奄奄的女兒和隔天有重要家族會議的爸爸說，只能告訴友涵和小叔寬仁，負

面和顛倒的情緒漸漸湧現。

　　三日晚上，爸爸到了花蓮，女兒和爸爸都聽醫師說了病情，晚上我與爸爸在家，實在忍不住，痛哭一場來釋放心裏的糾結。

　　十一月四日週日，在慈舜的呼喚下，沈醫師提前坐夜車趕到花蓮，與蕭菊貞導演抵達病房已經十點了。她們的到來，給我們一股極大的安定力量，沈醫師知道所有的訊息，仍四兩撥千斤地幫女兒按壓穴道。

　　本來很不舒服，想吐、腹部脹氣、張不開眼睛的慈舜，在沈醫師經絡按摩治療後，先是張開眼睛，也不再噁心；雖然醫師離開後咳得厲害，沈醫師說是排出不好的東西。

　　沈醫師覺得病房寒氣重，菊貞說要增加橘色暖系色彩，還要觀想太陽。隔天我將琉璃佛、鹽燈（燈壞了，用紅外線照射）都帶來，還去買有大地花草圖案的床單和睡衣。

　　五日清晨四點半，慈舜排出腹部許多汙物，六點半

抽血檢驗，結果令人稍稍安心，也傳簡訊給沈醫師，請
她在精舍順便報告上人，讓老人家安心。

我自己省思，想要勸善體內的癌細胞，必定要先開
口向世人勸善。所以在院中遇到醫護人員，就先問有沒
有參加慈濟會員？人間菩薩招生不能等，勇氣毅力要提
出來。

口說好話能更改善母女之間的互動，心想好意才是
最好的祝福，身行好事就是菩薩招生，為眾生布施大福
良田。

八日，慈濟美國哥倫比亞負責人楊淑英來電，聽說
了女兒的事，她介紹她的三叔楊文光醫師給我。

我與楊教授聯絡，得悉楊教授由國家贊助的實驗室
做了許多腦瘤的治療，效果不錯，他的方法是諾貝爾獎
得主 Ralph M. Steinman（瑞夫·史坦曼）在一九七二年
發現的 T 細胞免疫療法。

做法是抽取白血病緩解患者百分之五的白血球及少
量癌細胞，經過實驗室的訓練，再分八個月打回患者體

內；每兩週注射一次共四次，只要患者免疫力不錯，若有復發可以重複這種治療。

　　治療慈舜的醫師中，有人支持，有人反對，最後沒有進行這項治療。

無助

在黑暗中找尋光明，在沈寂中找尋希望，我們極盡所能不讓女兒擔心，不讓女兒害怕。

　　看著聰慧伶俐的女兒躺在加護病房，無法言語，無法清醒，是最殘忍的事。

　　後來，在閱讀幸惠師姊給我的《一公升的眼淚》，看到書中主角亞也罹患小腦萎縮症，意識清醒卻無法言語，更是令人不忍。

　　在黑暗中找尋光明，在沈寂中找尋希望，我們極盡所能不讓女兒擔心，不讓女兒害怕。再怎麼樣都不讓她聽到我們負面的情緒或傷心的哭聲。

我用精油幫她按摩手和身體各穴位，每天扎針的手指、皮膚依然細嫩。

我在女兒身上蓋幾條紗布巾，每一條都各有功能，可以補滿蓋棉被時的縫隙，可以多一層保護她的肌膚，讓她比較有安全感。

插管讓慈舜滿口漂亮的牙齒受到折磨，尤其是門牙，竟然因為咬呼吸器而撞歪了，看了實在心疼。

醫師跟我商討說，要從喉嚨開洞插管，當時我陷入兩難。因為如果女兒無法得救，身上有開洞就無法當模擬手術的大體老師，可是不換地方插管，又每天看著她的牙齒受苦，最後還是決定讓醫師幫她從喉嚨插管。

友涵當牙醫的父親，以他的經驗告訴我們，牙齒扶正可以再長好，感恩慈院牙科主任來加護病房好幾次幫忙矯正。

友涵將慈舜的手提電腦放在加護病房內，播放她最喜歡聽的音樂，包括〈無量義經〉、〈真實之路〉和爵士樂。

平常心

家人的愛、友涵的不離不棄，以及慈舜對上人的信心，
是支持她勇敢面對病苦的最大力量。

在病房裏，我總是希望陪病的家人，用輕鬆平常的
態度穩住女兒的心。現在回想起來，説不定她當時也是
用這樣的態度，想要降低父母和家人的擔心。

做一個陪病的母親，不准自己有悲觀的權利和挫敗
的空間。即使慈舜已昏迷，仍不敢在她身邊落淚，唯恐
她聽見會心慌。我還安慰她，要她不要心急，給自己多
一點時間休息。

從她第一次發病，我從不錯過任何一次陪她看病的
時間。

除了小兒子因為睡眠呼吸中止症做咽喉手術那幾
天，我必須回臺北陪伴兒子，此外，我從不錯過任何一
天在病房陪伴女兒的機會。爸爸和弟弟們也會輪流來陪
她，友涵更是自願在夜間陪伴她，讓我可以得到休息。

家人的愛，還有友涵的不離不棄，以及慈舜對上人的信心，是支持她勇敢面對病苦的最大力量。

弟弟們維持原本與她的對話模式，不讓姊姊感覺她是病人。之前在同心圓宿舍或嘉里村的家時，大弟假日會帶妻小來花蓮，慈舜愛小孩，尤其是男孩，姪兒們的到來，總能讓她提起精神和孩子們玩在一起。

進了加護病房之後，弟弟們一放假就到花蓮看姊姊，小弟也用他的方式，祈禱姊姊度過難關。

英文電子報

這份工作她一直沒間斷，只有在進入骨髓移植室那段時間，由夏威夷志工接手做，一出移植病房就又接回來。

慈舜在腮腺癌回臺治療期間，曾靜靜思考，多年來她一直參與英文期刊編輯，用來與只懂英文的在地人交流，宣揚美國的《慈濟月刊》，應該順應閱聽大眾習慣的改變，一定要電子化。

　　徵得當時美國總會執行長葛濟捨師兄的同意，她創辦了美國慈濟電子報《E News Letter》，自己承擔起總編輯志工，每月月底出版。

　　過去我偶爾去美國，就曾見她為了紙本月刊，每到月底變得緊張忙碌，因為發出去給大家翻譯的文章能否如期完成，常常是很大的變數，有重大事件發生要抽換文章，也是一大考驗。

　　現在要獨力完成一份電子報，雖然請友涵幫她做美編，壓力仍然很大，但是她總甘之如飴。

　　這份工作她一直沒有間斷，只有在進入骨髓移植室的那段時間，由夏威夷翻譯團隊接手做，一出移植病房就又接回來做。

　　她住進加護病房不久，有一天我從醫院回家，發覺友涵怎麼沒在休息？他說他第一次接手做電子報，不斷地想，慈舜會選擇什麼樣的文章？選擇什麼樣的照片？他接手做，才知道慈舜每個月要面對什麼樣的壓力，而他自己感覺永遠也不會做得比慈舜好。

宣布放棄

如果無法搶救，把慈舜帶回臺北治療是否徒增她的痛苦，又違反她想將身體捐給慈院做研究的心願？

　　慈舜在加護病房中，反覆發燒，我傻傻地問，病毒哪裏來？我們可以再怎麼防護呢？醫師告訴我，人體裏面本來就有無數的病菌，當免疫力低的時候，自然就無法克制它們。

　　我只好寫訊息問所有醫界的朋友，問大家如何提升免疫力？大家都只能安慰我。

　　感恩林口長庚醫院決策委員會主任委員陳昱瑞告訴我，一支他們醫院在用的自費針劑「血寶」。他的夫人寶猜師姊也安慰我，告知有位醫師在加護病房插管數個月，最後也能拔管平安回家。

　　有一天，院長請我們全家人聚在一起，宣布他們無法再醫治慈舜。

　　我的心如同在大海裏浮沈，頓失浮木。如果真的無

法搶救了，把慈舜帶回臺北治療，是否徒增她的痛苦，
又違反她想要留在花蓮將身體捐給慈濟醫院研究的心
願？如果她此生因緣未了，應該在哪裏都一樣。

　　當時的我，自己把自己困在那裏，猶如把女兒困在
那張床一樣。

　　縱使電動減壓墊會幫助她不得褥瘡，但是保不了她
的命；我也是，縱使有友涵可以輪替著照顧，有特約護
理師可以當幫手，孤獨的心卻沒有依靠。

最後一夜

曙光

全美各分會在慈舜進入加護病房的第三個月，相約同一時間為她集氣祈禱，慈舜的情況連續幾天有好轉跡象。

有一天經過慈院靜思書軒，與方德昭醫師的太太炎娥不期而遇，炎娥問起慈舜的情況，我據實以告。

炎娥大吃一驚，她說德昭居然不知道情況如此，加護病房是內科部主任的責任範圍，德昭應該可以幫得上一些忙。

慈舜進到加護病房後，已經數次偵測不到白血病的因子。腫瘤科主任王佐輔應該可以移交這個病人了，可是他每天下班前還是都來病房；一度因為加護病房主任離職，他又回來承擔主治，一直到方德昭醫師來，他才安心將慈舜交給德昭。

　　方德昭主任是我擔任第一屆慈濟醫學研究所的懿德兒子，當時他已經是花蓮慈濟醫院腎臟科的醫師。

　　他在兩年的研究所生涯一邊行醫，不但成績優異，還當選花蓮縣的傑出青年，家裏更多了一個可愛的女兒。

　　當他聽到主治醫師與院長向家屬說明病危後，以搶救妹妹的心情，加入了醫療團隊。

　　他不眠不休地照顧，時任內科部主任的他，一天之中到加護病房六、七次，依照慈舜身體的變化，微調呼吸器、麻醉劑、利尿劑等；即使過農曆年，他開車載全家回南部，還是每兩個小時打電話回加護病房，了解狀況調藥。

　　慈舜有狀況時，他摸黑也要叫太太開車來醫院。

　　不僅是德昭主任的拚命悉心照顧，全美各分會也在慈舜進入加護病房的第三個月，相約同一時間為她集氣祈禱，陳家的表哥 Scott 和表妹 Marissa 還為她茹素，慈舜的情況連續幾天有了奇蹟似的好轉跡象。

過年

我和爸爸守在花蓮陪女兒，也想和友涵吃個年夜飯。看
護秀瑛居然跟婆婆商量改中午吃團圓飯，讓我們如願。

　　加護病房裏，白天一定有我陪伴，晚上有友涵陪伴，
偶爾弟弟們也來輪替，另外還有大夜班的特別看護。我
們不知道哪一天女兒會清醒，希望她清醒時，看到有家
人一直在她身邊。

　　很愛她的二姑姑瓊玲和大舅媽若岑都曾經來幫我代
班，讓我回去休息。

　　秀瑛是慈舜在嘉里村新屋的鄰居，在慈院加護病房
任護理師，她的先生展逢在慈院影像醫學部工作。秀瑛
後來離開職場，再去慈濟大學念書。

　　慈舜反覆感染加上加護病房人力吃緊，讓我興起
招聘特別護理師的念頭，一度遠從高雄聘用護理師來照
顧，但是人員和素質都不穩定，就請秀瑛幫忙尋找，秀
瑛知道了我們的困境，乾脆休學加入照顧慈舜的行列。

　　剛來上班的時候，她發覺加護病房裏的負壓病房，空調口長期無法讓清潔人員清理，她就親自動手，用四支點滴架和床單將慈舜的床包起來，再清潔天花板上的空調口。

　　快過年了，我和爸爸決定守在花蓮陪女兒，可是也得和友涵吃個年夜飯吧！秀瑛知道我的想法後，居然跟婆婆商量，全家改在中午吃團圓飯，讓我們可以安心回去，快速吃了年夜飯，再一起回來陪女兒。

無言

我們常常會忽略了身邊美好的事物，等到自己領會過來，已經來不及掌握了。

　　嘉里村透天厝的車庫外，與展逢家中間，建商種了一棵樹，三月初開了一樹好美的花，我實在沒有時間去探究這棵樹的名稱。

　　有一天，沈醫師又來到加護病房看慈舜，我跟她說

了屋前的樹開花，下意識地覺得女兒的生命有希望，她說：「你應該拍照過來給慈舜看，這生命力會是鼓舞她求生的力量。」

我當天回家，驚訝地看到樹枝已經被修剪了，所有美麗的花朵不見了！我問幫我們做飯的管家阿姨，她說為了讓來年的花能夠開得更旺盛，所以把樹修剪了。我頓時說不出話來，我想管家阿姨看著我無言的背影，應該也約略知道我的感受。

此刻我也悟到，我們常常會用自己的知見來幫助別人，到底是幫對了嗎？更覺得，我們常常會忽略了身邊美好的事物，等到自己領會過來，已經來不及掌握了。

腦幹出血

看著眼眶泛淚的德昭醫師，我跟他說：「不要說對不起，你已經盡力了。我很心安，也有準備……」

回憶慈舜往生的前一兩天，開始排尿不順，德昭主

任再調藥都沒有用，決定要幫她洗腎，他還細心地使用溫水。洗腎開始的三小時之間，德昭主任都在加護病房內，直到晚餐時間，我催促他快快離開去用餐，因為週五晚餐是他每週唯一一次與太太的約會。

豈料他離開不到三十分鐘，秀瑛和我發覺慈舜的血氧一直下降，德昭主任知道了衝回來看她，臉色凝重地轉身對我說：「妹妹是腦幹破裂，她的自主呼吸完全停止了。媽媽對不起，我沒能把她救回來！」

看著眼眶泛淚的德昭，我跟他說：「不要說對不起，你已經盡力了。我很心安，也有準備，只是她爸爸昨天剛回臺北，你看看可以設法讓她等到爸爸趕回來嗎？」

前一夜

那夜，彷彿慈舜可以看到我們一樣，全家人很有默契的，沒有哭泣，沒有吶喊，珍惜著最後與她相處的時間。

慈聯師姊和德旻師父聞訊，都來到加護病房。德旻

師父跟女兒打商量：「你可以明天早上再離開嗎？給常住有時間幫你布置靈堂。」

慈舜很聽話，靜靜地躺著。不久，爸爸和弟弟、弟媳都趕來了，全家人圍在她的床邊，和她話家常。

大弟弟跟她聊起小時候，如雙胞胎般一起成長的點點滴滴，感受到姊姊是如何愛他，他跟姊姊報告研發的營養品也快要成功了！

小弟弟跟她懺悔，一直以來讓姊姊為他操心了，這段日子他到處奔走祈求，總希望奇蹟出現；弟媳也跟她報告小姪兒們的近況。

那夜，彷彿慈舜可以看到我們一樣，全家人都很有默契的，沒有哭泣，沒有吶喊，珍惜著最後與她相處的時間。

電腦繼續播放著她唱的〈真實之路〉和她最喜歡的〈無量義經〉，為她助念了一整夜，除了友涵，我們相繼一一打盹了！

生命可以寬廣

觀音菩薩聖誕

她的身體柔軟地像布娃娃一樣，讓我很安心，因為她沒有恐懼顛倒亂想。

二〇一三年三月三十日，正是觀音菩薩聖誕日，早上六點半，友涵輕輕搖醒在病床旁睡著的我。

我跳起身，趕忙看監視器，慈舜的心跳血壓都漸漸下降了。本能地知道要幫助她，我走到床前，告訴她：「慈舜，你不是爸爸、媽媽的女兒了，也不是友涵的太太了，趕快去你來生的媽媽那兒，不要讓她肚子痛太久，才會得人疼。」

友涵也跟她說話鼓勵她，然後彎下腰想親她，我搖搖我的手指，友涵知道我的意思，又挺直了腰。

我也要爸爸講話鼓勵她，爸爸強忍著心裏的痛，鼓

勵她快去快回。

　　我相信當時只要我們其中有一個人抱了她，場面一定不可收拾；如果我們縱容自己，放任讓自己與她的情感糾結，那會造成她多大的痛苦。我們這個時候能為她做的，就只有讓她安心地走！

　　感恩證嚴上人，二十多年的慈濟路，讓我們學習利他為上，為所愛的人著想，所以在這個時候，我能捨下；不是只想「自己即將失去的痛苦」，而是換成只想「如何讓慈舜解脫不再痛苦」。

　　放手讓斷了線的風箏乘風飛揚，鼓勵慈舜聽上人的話，「不要把自己綑綁在小乾坤裏面，趕快出來，自由自在地出去看看美麗的大乾坤。」

　　德昭主任親自為她拔管，前一天來陪我的姑姑坦玲，剛回臺北又一早趕過來，和我為她換上慈濟八正道制服。

　　她的身體柔軟地像布娃娃一樣，讓我很安心，因為她沒有恐懼和顛倒亂想。

　　十點我們送她到樓下的助念堂，德如師父已經率眾為她布置好助念堂。

　　好多慈濟人和大弟的結拜兄弟 Winston、Steven 和好友 Scott 都趕過來助念，顏惠美師姊問我要布達助念到幾點？

　　我不加思索地回答：「幫她助念兩小時吧！大家正好可以回去吃午餐。」因為我相信動作敏捷、意志堅定的女兒，早已找好回來的路了！

　　德慈師父不顧自己還在腿部術後療養期，堅持來到靈堂帶領念佛。老人家給了我一句最受用的開示：「你要在想起女兒時，狠下心來，不去想她。」

　　沒有經歷過與最愛的人生離死別的人，可能會不懂，這句話聽起來好像並無深奧的道理，但是對我來說，這是一句最實用的話。往後我也跟許多需要的人分享。

　　好多臺北的親友、法親，都因為看到友涵在臉書上的訊息而趕來。我們早上為她助念結束後，剛剛回到花蓮的住處，就接到詩郁帶著慈舜的乾兒子 Kyle，和魏福

全院士全家，趕到花蓮慈濟醫院要為慈舜助念的訊息；接著，遠在菲律賓的聰妙表舅和舅媽也趕來了！

因為助念已經結束，他們在靈堂上香後，就都到嘉里村來看我們。

我無暇感恩大家，我知道會專程過來的人，都不是需要我用言語表達感恩的人。

教育志業體選擇在觀音菩薩聖誕日當天，演繹《父母恩重難報經》，幾十位來靜思堂參加演繹的師父，都在演繹結束後直接過來為慈舜助念。

我的手機突然響起，德宣師父來電告知「師父過來了！」

佛號聲中，我沒有聽清楚，還回答說：「慈舜很有福報，師父們已經都來了啊！」

德宣師父又用急切的口吻說：「上人到你那兒去了！」我抬頭一看，是我們最敬愛的上人，已經到助念堂門口；我和家人熱淚盈眶，跪在上人面前感恩叩謝。

上人跟我說：「來！給我看看。」並且彎下腰對慈

舜開示，一轉身跟我說：「生出來了！」在那一刻，兩代弟子的心都跟上人師徒相契。

當時約莫是早上十一點半，母女連心，女兒沒有辜負家人忍痛與她割捨的犧牲，真的快快回來當小菩薩了！她用淺淺的一抹微笑和柔軟的身體告訴我，「我很自在，你也要聽上人的話喔！」

本來約定當天要來看慈舜的閻雲醫師，聽到慈舜往生的訊息，打電話問我，他還要不要過來花蓮？我說要的，因為您和上人有約。

當天晚上，他如期來到花蓮。隔天一早，我們一起進精舍早齋，我忍不住問上人，慈舜今生是女孩還是男孩？上人說：「委員。」

上人主持志工早會後，我們去告假，我又忍不住貪心地跟上人說，「既然是女孩，可以請上人把她帶回來跟您修行嗎？」

上人看著我說：「好啦！」我的心更安了！慈舜可以繼續她的遺願，上人也會常住世間帶她回來修行。

普賢菩薩聖誕

我勇敢地拿起一張凳子，坐在解剖室門外念佛。相信在
幫女兒圓滿心願的時刻，媽媽的聲音會讓她更安心。

二〇一三年四月一日，觀音菩薩聖誕晚兩天，就是
普賢菩薩聖誕，也是慈舜捐出大體給慈院病理科研究的
日子。解剖室外，走廊兩旁坐了滿滿的親友和志工，靳
秀麗、余雪珠、許彩霞師姊等大安區的慈濟法親都趕過
來了。

我想起高銓德和濟舵師兄，在女兒往生那天早上，
也在加護病房外等著關心我、給我支持。慈濟法親滿滿
的愛，讓我勇敢地拿起一張凳子，坐在解剖室門外念佛。

顏惠美師姊見狀，趕緊過來勸我，我說：「您放心，
裏面也是我的法親，我是為一位大捨菩薩在助念。」我
也相信，在幫女兒圓滿心願的時刻，媽媽的聲音會讓她
更安心、更堅強。

想起當年，秀麗師姊的父親，參加過靜思生活營回

來，就要她拿大體捐贈表給他填。數年後，往生前一再交代秀麗師姊，一定要完成他的遺願。

秀麗師姊三姊妹，也是勇敢地進去陪伴父親，她們說：「志工們都在幫爸爸助念了，我們是他的女兒，更應該陪伴著他。」

那也是我第一次進入解剖室助念，最後望著靳伯伯紅潤莊嚴、嘴角上揚的遺容，彷彿在感恩女兒們幫他圓滿了心願。

在觀世音菩薩聖誕重生的慈舜，週末兩天正好讓我們可以為她入大捨堂和追思感恩會做準備，緊接著週一普賢菩薩聖誕就是大體解剖、火化、入大捨堂和追思感恩會。真是分秒不空過，完全符合女兒的一貫行事作風。

我知道，不論慈舜奉獻了多少醫學密碼給大醫王們，大醫王最後都會細心地一針一線讓她回復原貌。

珀玲姑姑、佳穎阿姨、若岑舅媽幫她穿上慈濟制服旗袍，好友 James 在我同意下，也進去幫忙抱她入殮，事後他跟我說，感覺得到她的柔軟與自在。

　　慈舜以最莊嚴的形象和前世的有緣人告別，火化後進入慈濟大學的大捨堂。

　　感恩慈院提供講堂為她辦了簡單的追思感恩會，下午珀玲姑姑幫她用她最喜歡的海芋，布置了追思感恩會場，全場用《八瓣之愛》專輯做背景音樂，她的朋友拿起麥克風分享對她的思念；我，認真地在一天之內，幫她策畫好這個「畢業典禮」。

生命可以寬廣

證嚴上人《靜思語》：「人生無法掌握生命的長度，卻能自我拓寬廣度和深度。」是女兒三十六年生命的寫照。

　　二〇一三年四月二日，帶著慈舜的骨灰到金寶山。天氣很好，蔚藍的海天，沿途很美的景色，友涵抱著她坐在前座。

　　我有把德慈師父的話聽進去，狠心地不悲痛！再怎麼放任自己跌到痛苦的深淵，也拉不回往生的女兒，她

已經是別人的女兒，只能祝福與祈求佛菩薩安排她到一個有福報的家庭，有一對智慧的父母，因循著前世與上人和慈濟的因緣，回到慈濟大家庭，回到靜思精舍。

　　本來我想讓她像她外公一樣，除了如願進大捨堂，其他骨灰就用海葬的方式，可是祖母説：「女孩子不能放水流。」

　　祖母希望孫女能到金寶山陪伴疼愛她的祖父。所以，我在日光苑選了一個在我生母旁邊的位置，也在面板刻上海芋和精舍一角，並且恭錄一句靜思語，「人生無法掌握生命的長度，卻能自我拓寬廣度和深度」，這也是女兒三十六年生命的寫照。

美的回憶

故居

她往生的七年前定居在 Pasadena，是因為事業、志業並行，想找一個在 Ernst & Young 和慈濟總會中間的地點。

二〇一四年六月十八日，友涵和長媳珮齡陪我出發到洛杉磯。前一晚不經意打開一個不常開的抽屜，赫然看到寫著 Pasadena Key 的小紙袋，摸著這支鑰匙，心想一定是貼心的女兒從前親手交給我的。

以我的記性，壓根兒不會記得還有一支她 Pasadena 家的鑰匙，而就在隔天，我要啟程去幫她整理這個她最愛最思念的房子，竟驟然出現。我將鑰匙貼在胸口，忍不住又淚流滿面。

她往生的七年前，所以會定居在 Pasadena，是因為事業、志業雙軌並行。Ernst & Young 公司在洛杉磯市中

心，慈濟美國總會在東邊 San Dimas（聖迪馬斯）。本
來為了要帶 UCLA 慈青的她，住西邊的 westwood，開
車一個多小時才會到美國總會，所以想找一個比較靠近
總會的地點，而且她喜歡比較有文化氣息的環境，因此
設定 Pasadena 區。

　　友涵也不再回來這裏住，我打算讓這女兒最珍惜的
房子再發揮它的功能，希望是有緣的慈濟人接手。

　　多位慈濟人聽到消息，紛紛與我聯絡，最後決定交
給濟捨師兄夫婦，因為我相信他們一定會與女兒一樣珍
惜，並且常常會有慈濟人來這兒聚會，共同善用此空間
來行善助人。

最後一次為「Power of Five」募款

我們將她的大部分遺物義賣，善款捐給「power of
five」，這是她病中一直在臉書呼籲的募款項目。

　　Pasadena 家裏，滿滿的都是愛她思念她的法親。預

計十點開門，九點出頭一位住附近的師姊已經來敲門，說自己是 early bird（早到的鳥兒），趕來為孫子挑選莫札特的音樂光碟，順便挑了些合用的東西。

我的小妹錦明帶表姊 Nancy 的女兒過來，一個早上幫忙賣主臥室裏慈舜的衣服。一件十五年前我在慈友會惜福聯誼上，為慈舜義買的大紅長旗袍，她只穿過一次，參加祖父、祖母結婚五十周年慶晚宴。一位古箏老師買了那件旗袍，據說並不合身，但是她還是買了，讓我覺得很溫馨。文莉接著來到，一整天周白、慈鄉和文莉，都在人群中幫忙。

我和珮齡、友涵，三人整理著慈舜的東西，真的還不少。節儉的她，除了上班穿的襯衫因為常洗而顯得舊，其他看來很新的衣服物品都是我買給她的。我似乎花了很長一段時間，才能釐清自己想要的和需要的，而她卻好像天生就很清楚。

常常傷感情的是，買東西給她還要挨罵；可是她想的卻是，為什麼告訴你不需要，你卻還要買。其實我和

她爸爸養兒育女一向是「窮養」，並沒有讓孩子揮霍或是奢侈的空間，但是慈舜所需的物質卻相對低很多。

她喜歡飲食和音樂、藝術欣賞及旅遊，她自己當律師賺錢以後，花的最多的就是旅行的費用，但是對自身的打扮毫不在意，難怪那群十分光鮮亮麗、極端時尚的表妹們，要頒給她「最糟衣著獎」，還計畫著幫她報名「時尚大改造」節目。

滿滿兩書櫃的書，一櫃放琴譜，一櫃放慈濟文物。有許多證嚴上人的書和早期開示的錄音帶，是她在大學讀心理學時，從臺灣家裏搬到美國的，因為她說上人的書是學心理學最好的資料。

此外我每次去美國，總是會帶很多慈濟文物和大家結緣，她家裏的也都是我帶去的；一本本插著書籤的書籍，對中文只念到小學五年級的她來說，並不容易。

收拾著她琳琅滿目的獎牌、獎章、獎狀、徽章，看著她屋子裏有電子鼓、鋼琴、薩克斯風、長笛、電子琴，回憶著多才多藝的她，雖然人生只有三十六年，但是她

入良師門，精進菩薩道上，確實擴展了生命的寬廣度，不虛此行。

Jack 的同修二〇一四年要受證，她承襲了慈舜所有的慈濟制服。心芽合唱團不少成員來，過去這是他們每週聚會練唱的地方，樓下一臺白色鋼琴，現在已經送到美國總會的感恩堂，樓上還有一臺電子琴，過去是分聲部練唱，還有她創作樂曲用的。

回到她的故居，所有的回憶一一湧上心頭。

她的東西，我們只收拾一部分有紀念性的運回花蓮的家，其他的就在洛杉磯義賣，也讓親友法親選擇自己要留念的東西，自由捐款，將善款全捐給「power of five」，這也是她病中一直在臉書呼籲的募款項目。

乘願再來

跨越到來生

感恩上人說女兒已經再回來，我不必望著星辰、望著海洋尋找她。

今天是觀音菩薩聖誕日，也是慈舜往生一年的日子。早上六點半醒來，就是一年前友涵輕輕搖醒在病床旁睡著的我的時候。

行文至此，我不免心痛如刀割，淚眼婆娑。但是，我相信當時家人對她深深的愛，讓我們能夠在那個重要的時刻，齊心做了對她幫助最大的一件事。

感恩證嚴上人，二十多年的慈濟路讓我們學習利他為上，為所愛的人著想，所以在當時，我們能捨下即將失去家人的痛苦，換成只想讓女兒解脫不再痛苦。

感恩上人說女兒已經再回來，我不必望著星辰望著

海洋尋找她，只要做好本分人間事，誰説哪個可愛的小女孩不是我的女兒呢！

我常常在想，如果有人發覺自己女兒的生日是二〇一三年三月三十日上午九點二十六分到十一點半之間。請跟我聯絡，可以減省育兒摸索的過程。

第一次入夢

我們不可以悲傷，要為孩子們祝福，要持續行在菩薩道，相信在時間的長河裏，終會有和孩子再聚的時候。

二〇一五年年初，有一天清晨，慈舜第一次到我夢裏來。一個近兩歲的女孩，穿著一件粉紅色有腰身的薄呢布料大衣，一頭黑色蓬鬆齊肩的頭髮，整齊地向內捲，大衣上身布料有方格子紋路，腰間切開，下身同樣粉色沒有格紋。

可愛的女孩淺淺地對我笑，睡夢中潛意識裏認出是女兒回來看我，我不斷地輕輕念著佛號，女兒也跟著念。

　　夢中醒來，滿心歡喜，很久沒有感覺到的十分心安的感覺。貼心的女兒，知道那一天我要帶領志工們去關懷剛喪子的志工年桂，她的到來，帶我回歸清澈的琉璃心，才能撫慰別人的傷痛。

　　我毫不遲疑地邁開腳步，跟年桂師姊分享，相互勉勵，為了孩子，我們不可以悲傷，我們要為孩子們祝福。我們要持續行在菩薩道，在時間的長河，終會有和孩子再聚的時候。

　　兩年前的觀音菩薩聖誕，慈舜離開我到她的這一世，兩個小時內已經來到這一世，這就是她慣有的高效率，絕不浪費時間。

　　二〇一五年四月二日，也是觀音菩薩聖誕。我和爸爸、大弟弟帶著兩對花和兩盒風月堂餅乾，到花蓮慈濟大學大捨堂，先去禮拜菩薩與父親，再去見慈舜。

　　走過大捨堂，看到許多師父和慈濟人。原來，當天臺南張文郎師兄的同修也成為大捨菩薩，德悅師父隨我們進入，順便禮拜他的兄長。我每次來，先禮拜菩薩後，

就幫慈舜清潔她的空間，並帶著一分禮敬諸佛的心，擦拭了附近走道，每一位大捨菩薩的門前。

自從將慈舜的委員證放在她大捨堂的位置前，其他法親紛紛效仿，這樣一來，就很容易找到自己的親人。

有一年，我帶了一組可愛的木偶樂隊，放在女兒的琉璃塔四周，看起來好熱鬧，我想慈舜一定會很開心。過幾天，友涵從花蓮打電話說，他想想不妥，應該要收起來，因為如果大家效仿，會增加大捨堂清潔工作的困難。我十分同意，不能只是自己歡喜，要為別人著想。

慈舜離開她的前一世已將滿兩年，每每遇到年齡相仿的女童，我都禁不住要問孩子幾歲；聽到孩子是三月生的，我又會追問是幾號生，希望在時間的長河裏，還可以跟我摯愛的女兒重逢，知道她現在好嗎？

但我也希望自己控制住的淚水，可以讓她的情緒穩定成長；愛她就不能自私，不能因為要留她在身邊而讓她受苦。

母女連心，思女痛苦時，問自己捨得讓已經再來的

幼小慈舜痛哭嗎？決堤的眼淚不再管不住，提起正念，用祝福取代了悲傷。

在日本淡路島新淡路樂園飯店陽臺，夜裏海風很強，海浪拍打在樓下的圍牆。思念又湧上心頭，但是相信聰明的慈舜，一定會用最快的速度回來慈濟世界。

友涵皈依

濟修辭去芝加哥物理中心的工作，因為他發覺自己在物理方面多年的研究，對人類的貢獻遠不及做慈濟。

友涵皈依了上人，法號濟修。

當院長跟我們全家說醫療團隊已經盡力了，我們也開始準備她的照片和換穿的慈濟制服，同時思考最後一刻要不要帶她回家裏，所以請長期關懷法親的德如師父來家裏指導。

德如師父最後問濟修：「慈舜如果走了，你有什麼打算？」濟修說：「我可以去精舍住嗎？」我當時想，

他就是要到慈舜所愛的地方。

上人第一次見到濟修就說：「要把中文學好。」在慈舜罹患白血病回到花蓮，濟修就參加見習和培訓，一方面要到臺北教課，又要補習中文，我真不知道他如何以有限的中文程度，念完培訓時必讀的幾本上人著作。

看他念過的書都自己加註解，真的十分用心。他在歲末祝福典禮上演繹經藏，接受上人的授證，當時慈舜特地離開病房，歡喜地全程參與，彷彿也完成一個心願。

濟修的祖父，是第一代洗腎機的發明人，父母親都是牙科醫師。他從瑞典遠渡重洋到美國做學術研究，又因為慈舜的病跟著她到臺灣，真的是為愛走天涯。

他在一次受訪時，被問到慈舜有什麼特質吸引他？他答覆說，他從來沒有遇到過如此無私人愛的女孩，他還說慈舜在跟他正式交往前，與他約法三章，明白地告訴他，上人和家人永遠會排在他前面，他還是說沒關係，就是要跟她交往。

慈舜幫他取了中文名字歐友涵，他在皈依上人之

前，都把慈舜當成他精神的導師。

慈舜往生後，他的父母從瑞典過來陪伴他兩週；父母回去後，他就到靜思精舍長住。他說，白天跟著師父們作息，從早忙到晚。慈舜剛往生的那段時間，精舍晚上正好在拜《地藏經》，文字十分深奧艱澀，他往往誦念得滿身大汗，沐浴後回到通鋪，倒頭就睡著了，幫他度過最煎熬的日子。

隔年發生海燕風災，他在菲律賓獨魯萬住了好幾個月，在那裏協助發放、以工代賑等賑災事宜，也接引父母兩次遠從瑞典過去義診。他的父親特別愛小孩，對孩子非常有愛心，常為患有智能障礙的孩子治療牙病。

濟修從獨魯萬回來後，辭去芝加哥物理中心的工作，因為他發覺自己在物理方面多年的研究，對人類的貢獻遠不及做慈濟。

後來，在夏威夷慈光師姊的邀請下，濟修承擔當地負責慈善工作的副執行長一職。

伊如陽光

病苦思惟

女兒愈受苦愈堅定，沒有對自己的信仰有任何懷疑，能不起煩惱、不顛倒，信受奉行生生世世。

　　慈舜剛罹患白血病，還在美國時，閻雲醫師開玩笑說：「你怎麼總是跑在醫學前面？」真的沒有想到，這是象徵致命的玩笑啊！白血病的藥物療效，這幾年有很大的突破，然而慈舜卻等不到，早了幾年往生。

　　閻醫師取了慈舜的唾液做檢測，報告說明她兩次罹癌，是因為在胚胎時基因突變，一對 p53 基因都斷裂，這是負責抵禦癌症最重要的基因，並非遺傳自父母的基因。所以，慈舜的身體就像是一顆不定時炸彈，得癌症只是時間早晚的問題。

　　難怪我懷孕時一直流血，需要打針安胎，還要臥床

休息，連起床梳個頭都流血，原來是身體在排斥，雖然勉強留下她，她也選擇了我們，但是時間不夠長。還好她能接觸慈濟，能自耕福田、自造福緣，發願生生世世都在菩提中。

閻醫師在女兒往生那年中秋，受邀到慈濟全球人醫年會演講。行前，他夢見了慈舜，感覺是很歡喜的能量，好像是要他安心。閻醫師在演講中談到，病患在生病中改變信仰的現象屢見不鮮，慈舜卻愈受苦愈堅定，因為她沒有對自己的信仰或對證嚴上人有任何懷疑。

身為腫瘤和骨髓移植專家，常常應邀在各種場合演說，辯才無礙的閻醫師，在以慈舜為例的那場演講中，居然泣不成聲，無法再講下去。他不捨年輕生命的消逝，更不捨一位年輕法親的流逝。

做慈濟三十年的我，知道就如上人所說，慈濟是娑婆世界，參差不齊是正常現象，一個年輕人在眾多慈濟人的愛護中成長，但是做事的方式和思維模式也一定有所不同。想到女兒能不起煩惱，不顛倒，信受奉行生生

世世，也是我學佛的典範。

愛的延續

濟修從美國來訊，說開始參加資深志工慈光的翻譯團
隊，這是慈舜加入美國團隊後一直在做的。

　　慈濟援助尼泊爾賑災後，很開心能與思賢師兄及慧
文師姊，一起陪同尼泊爾裔的 Naresh Dugar 先生參訪慈
濟。年輕的他是尼泊爾第三大企業的副總裁，對慈濟嚮
往多時，希望到臺灣尋慈濟的根，然而簽證遇到了一些
困難，我盡了一點力，尋求管道，讓他能順利成行。

　　我們陪同他參觀慈濟志業，環保站的老菩薩、慈濟
醫院的醫療人文、花蓮靜思堂的博覽會以及靜思精舍出
家人的一日不做一日不食，都讓他非常感動。最後拜謁
上人時，他發願讓慈濟永遠生根在佛陀的故鄉尼泊爾。

　　當天晚上回到家，看到濟修從美國來訊，說開始參
加慈光師姊的翻譯團隊，這也是慈舜加入美國團隊以後

一直在做的，他感到自己能繼續慈舜在世時做的事、發的願，而十分開心。

時隔兩年，我再問他：「你如今還是在為慈舜做慈濟嗎？」

他說：「不是！我現在是為自己在做慈濟。」我很高興，他能夠找到生命真正的價值，從小愛跨越到大愛。

傳法到西方，度化外國人是慈舜發的大願，相信她現在一定大步邁向這個目標。

女兒教會我的事

我跟女兒學到的是，一致不變的堅持！她的衣服不要花花綠綠，跟她的人生方向一樣，找到方向就往前邁進。

慈舜自十八歲去美國念大學，我們母女相聚的時間不多，大概就是每三個月，我會飛去跟她住兩週的時間，還有她回來臺灣住在家裏的時候。

陪伴慈舜住院治療時，母女聊了很多，我曾經問她：

「你給媽媽回饋一下，我這個做媽媽的，有什麼地方要改進？」

慈舜想了一下說：「如果你一定要我說的話，記憶中，從小到大，不論我有再好的表現，你都沒有稱讚過我。」聞言，我想要反駁，但是想想孩子這樣感覺一定有原因。

從小，她每有好的表現，我都會開心地和公婆、爸媽分享，有時候當著她的面說，她還會害羞地一直否認，讓我好像是說謊一樣，很尷尬。可能因為這樣，我漸漸就不說了，反正她和爸爸一樣都是低調的人。

現在回想起來，可能她要的不是我跟別人說，而是在她跟我分享時，我就應該抱著她、讚歎她，開心地跟她一起歡喜。孩子要的就是這麼簡單。

另外，我跟女兒學到的是，consistence（一致不變的堅持）！

人生中，我們要的實在太多，要紅也要綠，還要彩色才滿足，最後都不知道自己要的是什麼？女兒從小就

很清楚，她的衣服不要花花綠綠，連房子的裝潢也只有黑、白、灰三色，木質地板是在愛物惜物的大原則下被留下來。

這跟她的人生方向一樣，找到了方向，就一直往前邁進，帶著這分信念到來生。

利益眾生

慈舜是信守證嚴上人教誨的好弟子，希望她正面接受人生挑戰的精神，能夠鼓勵身體不適或遇到困境的朋友。

雖然慈舜從第一次罹患腮腺癌，經過三次開刀；後來又得了急性淋巴白血病，經過多次化療和骨髓移植。在短短四、五年間，進進出出醫院，經歷所有辛苦的治療，她卻一直都很樂觀、很平靜。她沒有說出來的是，她回到花蓮就是為了最後要捐贈大體。

慈舜自己對生病這件事的看法是：第一次罹患腮腺癌治療時，她還慶幸自己無需化療；在急性血癌治療時，

她說自己經歷了化療和移植的辛苦，以後更能貼心地關懷鼓勵病苦的人；對於自己若是無法醫治好，必須面臨此生終點的事，她認為可以將身體交給慈濟醫院的醫師研究，希望對醫療有所貢獻，也就是俗話說的「跌倒也要抓一把沙」。

催生這本書的慈濟平面媒體總監王志宏和林幸惠師姊，看過我寫下來的札記後，殘忍地逼我看《一公升的眼淚》，一度曾想既然有這本書，我又這麼忙，應該不用寫了！

可是念頭一轉，不同不同，慈舜的出生背景、學識專業、生命寬廣度都不同。慈舜是信守證嚴上人教誨的好弟子，希望她正面接受人生挑戰的精神，能夠鼓勵一些身體不適或在精神層面遇到困境的朋友。於是，我繼續在字裏行間，一點一滴思念著愛女，讓她仍然有利益眾生的機會。

點點滴滴的回憶，伊如陽光，永遠照耀著我心和所有有緣人。

【附錄 1】

危機‧契機‧轉機

／陳慈舜

學生時代，當有人問：「長大以後，你要做什麼？」周遭的同伴總是回答：「結婚，做漂亮的新娘子。」「家庭主婦，賢妻良母。」「事業女強人。」

我的回答卻與眾不同：「我要吹薩克斯風，演奏爵士樂。」或者「在百老匯唱歌表演。」其實我來自一個平凡的華人大家庭，這樣的回答，讓我在「年少輕狂」時，顯現了平凡中的一點點不平凡。

小學五年級後，就讀臺北美國學校，像我這樣熱愛爵士樂和百老匯歌舞劇的女孩，不論在校內、校外均屬少數。

當我表示想進大學主修音樂時，媽媽提出一個很好的問題：「演奏薩克斯風或在百老匯唱歌表演，怎麼維生？」接著又說：「如果你想在音樂方面發展，尤其是

爵士樂和百老匯歌舞劇，你有兩個選擇：找個有錢的另一半，讓你不愁生活；或者讓自己有一技之長，然後把音樂當嗜好。」

她也知道我是很獨立的人，不想太早結婚，也不要別人養我，因此決定放棄主修音樂的計畫，改為雙主修經濟和心理輔導，副修音樂。

大學畢業後，我申請就讀法律學校，希望能有自己的事業，經濟獨立。

大陸之行遇見救苦菩薩

高中的時候，家族中包括我的媽媽、外公、舅舅、阿姨等，都已經是慈濟志工。媽媽多次設法要我參加慈濟活動，都沒有成功。我曾對媽媽說：「媽，我相信慈濟是很好的慈善團體，不過現在我還不想加入，請不要強迫我。我答應你，只要時機一到，我會主動參加。」

我到美國加州的聖地牙哥讀大學，大一那年暑假，

慈濟大專青年聯誼會要去中國大陸和幾所大學進行文化
交流。媽媽很聰明，利用我熱愛音樂的「弱點」，讓我
參加文化交流團。我加入慈青的合唱團，也表演短劇、
吹奏薩克斯風。

行程包括探訪一個農村，快要到那裏的時候，遠遠
就聽到鞭炮聲、鼓聲和音樂。走進這貧窮的村落，我看
見全村的人都穿上最好的衣服來歡迎我們。

後來得知，一九九三年這裏遭遇嚴重水患，慈濟人
不但發放糧食、物資，更為他們建村，而且付出無所求，
因此，村民把慈濟人當作是救苦救難的菩薩。

我非常感動，原本只打算停留三至五天，結果全程
十天都參與，因為我要多幫忙，也多認識慈濟。

這趟中國之行後返美，我立刻加入聖地牙哥的慈青
社。大學畢業後，我轉至洛杉磯的法律學校進修，仍持
續參與當地的慈濟活動，承擔加州大學洛杉磯分校慈青
社的輔導員、協助翻譯工作，並參加慈善活動以及國際
賑災。我的生命似乎多采多姿，但人生畢竟充滿了無常。

走出小愛不讓「心」生病

二十七歲時，經三年磨合仍不免破裂的婚姻，讓我跌到了谷底！在正式結束之前的六個月，雖然有家人和朋友的支持，我仍天天以淚洗面，對所有事都灰心透頂。

結束之日，正值卡崔娜颶風侵襲美國。我躺在床上整整哭了一星期，有一天，我忽然想到那些可憐的災民——我有這麼多家人和朋友給我愛、給我支持，我什麼都不缺，還有慈濟大家庭和證嚴上人給我精神指導，我卻躺在這裏哭泣，浪費生命！我決定走出去，飛到災民避難所，和慈濟法親一同協助需要幫忙的人。

接下來幾天，我在臨時避難所和許多災民談話。他們擁有的比我少很多，許多人失去了家園，甚至失去了親友，我體悟自己實在太幸福了！

如果不是在慈濟學會知足感恩、見苦知福，我不可能哭了一星期之後就能走出來幫助災民；如果不是有心靈指引，我不可能體悟自己有多幸福。從那一刻起，我

告訴自己，不管人生遭遇什麼困難，我的心不能生病；
如果心生病了，一切都會崩潰，生命也就會失去意義。

那時候，我已從事律師和諮商工作，不管多忙，我
還是利用晚間和週末的時間參與慈濟活動，而且愈來愈
投入。

我在不同領域都有點經驗，因此慈濟推動的各個計
畫和活動，我都盡量去幫忙。很感恩公司的老闆和同事，
讓我能兼顧事業和志工工作，甚至到國內外災區賑災。

快樂感恩每天接受治療

二〇〇九年間，不知道為什麼，我開始經常生病。
有一天，我發燒了，感覺左耳下方腫了起來。經過幾個
月的檢查，醫師都找不出真正的原因，最後診斷是良性
腫瘤。

醫師說，目前並無大礙，以後再找時間割除就可以
了。我決定向公司請一個月的假返臺，到嘉義大林慈濟

醫院切除腫瘤。

手術過後幾天，我漸漸復原，心情頗為愉快，還跟媽媽開玩笑說：「媽，不要擔心，我一點也不痛，就像在度假一樣。」然後，媽媽說：「你的腫瘤是惡性的，是二期腮腺癌。」

我並沒有像電視劇演的那樣精神崩潰或昏倒，當時腦子裏想的是：第一，我要多找些資料，了解這種病怎麼治療、存活率有多少，才能評估現在該怎麼做。第二，太棒了，可以繼續請假不用上班。第三，老天在暗示我，要我辭去工作，全心全意投入慈濟，把此後生命的每一天都用來助人。

接下來的幾個月間，我又動了一次手術，醫師幫我切除幾條唾液腺和頸間將近三十個淋巴結，我的耳朵一直到頸部留下了一道長長的疤痕。接著，我辭去了諮商公司的工作，因為我已清楚接下來的人生道路，也下定了決心走下去。又過了一個月，我開始進行放射線治療。

從週一到週五，我每天都要接受治療，整個療程總

共要做三十次。治療期間，我一點也不覺得痛苦，只覺
感恩，因為我的家人和朋友總在身邊支持著我，讓我感
受到愛和呵護。

　　每回我走進候診室，都看見很多人坐在裏面，他們
大都顯得很沮喪、很痛苦，有的人同時要接受化學治療
和放射線治療，看來非常虛弱。而我則是懷著快樂與感
恩的心情走進治療室。

復原期間廣傳賑災訊息

　　雖然治療帶來的副作用也讓我痛苦，不過比起其他
病人，症狀已經算輕微了。我只不過失去了味覺，嘗不
出食物的味道，嘴裏又長了幾個瘡，也很容易疲倦，除
此之外都沒事。

　　爸爸說，我在治療期間會很難過，一定要盡量多吃，
因此我即使失去味覺，還是一直吃、一直吃，心情也都
很愉快。很多人在治療期間體重都直線下降，我反而胖

了將近二十磅。

　　我是 A 型性格的人，閒不下來。接受放射線治療期間，我把慈濟歌的歌詞譯為英文，而且每天治療結束之後就到錄音室錄音，製作慈濟英文歌選。

　　我記得那時候莫拉克颱風重創臺灣，以我的個性，看見這麼嚴重的災難，一定會去幫忙清掃或做其他的賑災工作，可是這次我只能在家難過。

　　我一定要想辦法幫忙！於是，我把慈濟的賑災新聞翻譯成英文，貼上慈濟的英文網站，也投到美國有線電視新聞網（CNN）的「讀者觀點（iReport）」。結果我投給「讀者觀點」的新聞，很多都在 CNN 電視新聞中播出。我好高興！

　　雖然沒能到災難現場幫忙，至少可以做一點與賑災有關的工作，並把慈濟的賑災訊息傳出去。

　　在電療和手術後的復原期，只要我能想到、可以幫忙的，我都去做。例如，海地發生地震後，我幫忙撰寫英文的新聞稿、報導及其他各種資訊，讓世人知道慈濟

的賑災行動。

那段期間，我也有因緣跟隨在證嚴上人的身邊，學了許多許多，真的很幸運！

腫瘤復發幸運再次降臨

二〇一〇年三月，醫師發現我的腫瘤復發，於是三月和四月我又經歷兩次手術。我再一次感受自己是多麼幸運——有親朋好友全然地支持，儘管人生無常，至少我還能做點有意義的事，做個有用的人，此生已無遺憾。

記得醫師告訴我，人的頸部總共有五條主要的神經，他們必須切除其中一條，我的顏面神經可能因此受損，臉會整個垮下來，看起來像「科學怪人」，我的眼睛也可能閉不起來等。當時我聽了暗自發笑，心想：「哎喲，這可不怎麼好看！」我努力讓自己不要太緊張，也不斷祈禱。

手術後，當我在恢復室甦醒的那一刻，雖然還無法

移動手或腳指頭，不過可以感覺到自己的臉，而且臉還能動──幸運再次降臨！我心裏高興得不得了，告訴自己要經常提醒自己事事感恩。被推出手術室時，我對家人說，如果以後我忘記了這一刻，請他們一定要提醒我「常懷感恩」。

有趣的是，醫師告訴我，他們其實已做了最壞的打算，可是在手術中發現，我的腫瘤剛好長在人類用不到的那條神經上，這條神經是馬兒用來趕蒼蠅的。我聽了覺得很好笑，運氣怎會這麼好？而且我復原得很快，手術後的第二天，我已和慈濟的朋友們談到要做慈濟的翻譯工作了。

生命轉折成就今日之我

如果生命中沒有發生這麼多的轉折，我不會是現在的我。我現在已成為慈濟職工，生命的每一天都能做有意義的事，讓我覺得感恩、正向、快樂。

　　婚姻破裂讓我學到人生真正的痛苦來自於心病，而不是身體上的病痛。如果當初沒有這樣的體悟，罹患癌症時，我想我無法以勇敢、正面的態度面對身體的疾病。

　　如果不是罹患癌症，我不會真正體會家人和好友對我的支持和愛，也不能了解我有多幸運；如果不是罹患癌症，我無法學到要時時心存感恩；如果不是罹患癌症，不會成為慈濟的職工，為崇高的目標奉獻生命；如果不是罹患癌症，我不可能有機會近距離跟隨證嚴上人一段時間。

　　不論我生命中的轉折在當時顯得是好或是不好，我都要感恩，因為它們成就了現在的我，也提醒我要時時感恩。我不知道將來還會面臨什麼樣的挑戰，但我知道不管發生什麼，都會讓我變得更好、更有智慧。

　　希望在此後的人生旅途上，我能受到更多的啟迪。

（中文翻譯／趙甫琦）

【英文原稿】

What Are the Turning Points in Your Life?

I am sitting on the plane, thinking about how to organize my thoughts and come up with a title for this article. Many thoughts go through my head, without any organization at all. The only words that come into my head at this point are "turning points in my life." As I attempt to organize my life thus far with the words "turning points in my life," I hope this article will inspire you to think about the turning points in your life and how they have molded you to be the person that you are today!

Here Comes the First One…

In middle school and high school, unlike other girls around me who respond "bride", "housewife" or "businesswoman" to the question of "what do you want to be when you grow up," my answer was always "jazz saxophone player" or "Broadway singer/actress." I know - they are weird responses, considering I came from a very normal and traditional Chinese family.

No matter in the city of Taipei, where I grew up, or in my school, Taipei American School, I was one of the few who loved jazz music and Broadway musicals (thanks to my music teachers and my buddy in school) and was actually not too bad at playing or singing music from those genres. I guess this would be considered the first small turning point in my life – because without my choir and band teachers in middle and high school or my buddy in school, I probably would have never been exposed to these kinds of music and my life would not have continued the way it did.

How Are You Going to Survive?

But of course, as any traditional Chinese parents would tell you – how are you going to survive as a jazz saxophone player or wannabe Broadway singer/actress?

That was indeed a good question that my mom raised when I initially majored in music in college. She said to me, "If you want to pursue music (especially something like jazz or musicals), you have a choice of marrying a wealthy husband who can support you so you can survive, OR, you can make that your hobby and do something else where you can be financially independent."

As a very independent person, I decided that I will not get married soon nor depend on another person to feed me, so instead of majoring in music, I double majored in Economics and Psychology and minored in Music. And, I applied to law school after college so that I could have a career of my own and be financially independent. I guess this is considered another turning point in my life too (thanks to mom's "advice"), since I had just went from a full time musician to lawyer.

Important Turning Point – in College

Let's back up a little bit to high school. My mom has been involved as a volunteer in the Tzu Chi Foundation (and so were my grandpa, uncles, aunts, grandaunts…). She tried many times, unsuccessfully, to get me involved when I was in high school.

All I remember was telling her, "Mom, I believe it is a good organization; however, not right now and don't force me. I promise you that someday I will be ready for this on my own, but just not right now."

My mom is a smart woman. During the summer after my freshman year in college, she used my "weak" point to get me involved – by asking me to sing with this choir, play my saxophone and act in a short play with the Tzu Chi Collegiate Association members that were doing a cultural exchange and visiting the care recipients of flood disaster in China.

From that point on, I got lured into this wonderful organization and I knew that my path in life would be firmly tied to Tzu Chi, one way or the other, with no turning back (in a very good way, of course).

Ever since that experience in China, I began to get involved as a collegiate association volunteer. That continued on in law school where I helped out to be advisor to collegiate association volunteers in UCLA, worked on translation projects, and helped out at various charity events and international relief work.

Oh, and not to mention that I got married during my last year in law school, at the age of 24. (Ok, you are thinking now, who's the person that said she wanted to be financially independent and not get married soon, and who's the person who was sort of laughing at those that said they wanted to be "bride" or "housewife" when they were growing up?)

Good Life? Bad Life?

You would think to yourself, after reading the above, "Grace has a very good life." Yeah, I think at that point in life, I would confidently tell you that "yes, Grace has a very good life." However, life is filled with impermanence, you never know what is happening next. Two years into the marriage, problems surfaced. I was young and naïve and did not know how to resolve marriage issues. Miscommunications, mismatching personalities, broken hearts... One thing led to another, I was divorced at the age of 27.

During the half year leading to the breakup, I was crying everyday and felt hopeless. Luckily, I had supportive family and friends and Tzu Chi uncles and aunts and friends who were always there for me. The breakup happened during the time of Hurricane Katrina. I remember lying on the bed and sobbing that week. However, I suddenly thought about all the poor people who were suffering from the disaster, while I was lying there sobbing my life away even though I have all the love and support from my family and friends, I have everything I could possibly need, as well as spiritual guidance from my Tzu Chi family and from Master Cheng Yen. I decided to walk out and fly out to shelters and go with my Tzu Chi family to help others in need.

During the next few days at temporary shelters, I talked to many people. They had much less than me, and many had lost their homes or even family or friends. Looking at myself, I realized how lucky I was. Without all that I have learned in Tzu Chi, I don't think I could have walked out to help at disaster sites after sobbing for a week after the breakup. Without all the spiritual guidance I received, I don't think I would have realized how lucky I was. From that point on, I told myself – no matter how tough life becomes, my heart cannot become "ill". If my heart becomes "ill", then everything else will collapse, and life will lose its meaning.

Life is Funny...

Back to my career and volunteer work in Tzu Chi – even after I started working as a lawyer and consultant, I continued to be more and more involved in all aspects of volunteer work with Tzu Chi, using my free time on weeknights and weekends. Thanks to my "diverse" experience in different areas, I was able to contribute to a variety of programs, events and activities in Tzu Chi. And thanks to the support from my boss and coworkers at Ernst & Young, when I was working there as a consultant, I was able to juggle between my full time job and all of my volunteer work, including traveling to disaster sites to help out or doing international relief work. Let's just say that for the 3 years after the divorce, I had a pretty good life being financially independent and spiritually fulfilled.

In 2009, I started to get sick quite often. I didn't know why. One day, I had a fever and felt some lump under my left ear. After a few months of misdiagnosis, the doctor decided it was a benign tumor that should be removed some time in the future, but it wasn't urgent. I took a month of leave of absence to go to Dalin Tzu Chi Hospital to take out the tumor. I remember I was happily recovering from the surgery a few days later and joking with my mom, saying that "mom, don't worry about me, I'm not in pain – this is just like taking a vacation!" Then, my mom told me "You have a malignant tumor – it is stage 2 parotid gland cancer."

No no...the sky did not collapse and I did not black out (unlike what you would see in these soap operas). Basically, to sum up all the things I was thinking – 1) research more into what can be done, and what is my average survival rate, so I can assess what I should do now; 2) "Great, I get a longer vacation from my work"; and 3) "I think this is a sign for me to quit my job and finally devoting myself fully to work at Tzu Chi and help people every day of my life!"

To sum up the next few months after that – I went through another surgery, where the doctor took out a few of my salivary glands and 20-30 lymph nodes on my neck, and with a long scar from my ear to my neck. Then, I quit my job at Ernst & Young, since I was determined and I knew what my path in life will be. And another month later, I started my radiation therapy.

I was going to my therapy every day, from Monday-Friday. I received a total of 30 treatments. The entire time, I just felt so grateful and did not feel pain. The reason why I felt grateful was because I had all the support I needed from my family, friends and my boyfriend. I felt so loved and protected. Whenever I walked into the waiting area, I saw many others who were sitting there, looking depressed and feeling a lot of pain. Some were going through chemotherapy and radiation therapy at the same time and they felt so weak. On the other hand, I was walking into therapy, feeling grateful and happy.

Although I did suffer from some side effects, but they were not serious at all, as compared to all the others out there. I merely just suffered from not being able to taste the flavors of my food, plus some mouth sores, and feeling tired easily. Other than that, I was fine. The only thing was that my dad said since I will suffer a lot during the therapy, I should eat a lot. So, all I remember was that I kept on eating and eating, despite the loss of flavors in my food, and I was feeling very happy all the time. So, of course, the result is that I gained almost 20 pounds after I got sick (in a healthy way – not the bad way), while everyone who was going through therapy lost weight like crazy. Am I "lucky" or what?

Make Myself Useful

I have this type A personality, and I cannot slow down. So,

during radiation therapy, I remember translating Tzu Chi songs from Chinese into English, going into recording studio after I get radiation therapy everyday to record songs and produce the album.

And I still remember that Typhoon Morakot happened during that time. I was sitting at home feeling so sad and helpless (since based on my personality, whenever I see something so sad, I would go and help out with clean-up work or other relief work). I decided that I needed to do something. Therefore, I started to translate Tzu Chi's relief news into English and posted on CNN iReport and also on Tzu Chi English websites. It turns out that many of the news I posted on CNN iReport were reported on CNN channel. I was very happy about it, feeling like although I could not help on-site, at least I could help with something relating to the relief efforts and spread the word.

During the recovery time after my radiation therapy and

surgeries, I continued to help out with everything I could think of – including during Haiti earthquake time, I helped to draft reports and press releases and all sorts of information to let other people know about what Tzu Chi is helping with. And, lucky me (once again), since I was recovering during this period of time, I got to follow Dharma Master Cheng Yen around whenever I had time. I learned so much during that period of time (if I were to write about it, it will take an entire article, so I will leave this for next time!).

In March 2010, they found that I had recurrence, so I went through another two surgeries in March and April. Once again, I consider myself to be very lucky – had all the supports from my family and loved ones, plus I felt that even though life is impermanent, at least I was doing meaningful things in my life and making myself useful. So, there would be no regrets.

I still remember my doctor said that the worst thing that could happen was that my facial nerve would be damaged, and my face would collapse and I just might look like Frankenstein, and maybe I wouldn't be able to close my eyes or anything like that. I was just laughing in my head, thinking, "Oh my – that is not good," and I was just trying to make myself not too nervous, plus praying at the same time. And once again, lucky for me, the moment I woke up in the recovery room, although I could not move my toes or hands yet, I could feel my own face and it was moving! At that moment, I told myself that I have to constantly remind myself to be grateful to everything. And when I got out of the surgery room, I reminded my family and loved ones to please remind me to be grateful, if I ever forget about this!

The funny thing about this surgery was that the doctors were preparing for the worst; however, it turned out that they had to cut one of my nerve on my neck. The doctor said there are 5 major nerve branches there, and that nerve (where my tumor grew on) was the one that had no real function on humans, since that nerve was mainly used to chase away flies/mosquitos on horses. Once again – I was laughing my head off when I heard this. What are the odds??? Besides this, I recovered very quickly, and I remember still chatting with Tzu Chi friends about doing translation work the day after my surgery.

Gratitude to Cancer and Other "Failures" in Life

If not because of all these turning points in my life, I will not be who I am today: feeling grateful and positive and happy that I am doing something meaningful everyday in my life by working at Tzu Chi Foundation.

Because of the divorce, I learned that true pain in life is when our heart/mind is ill, not when our body is ill or in pain. If not because of the divorce, I don't think I would have been able to face my physical illness with courage and positive attitude.

If not because of cancer, I would not have learned to appreciate the support and love from my family and loved ones and to find out how lucky I am.

If not because of cancer, I would not have learned to remind myself to be grateful at all times.

If not because of cancer, I would not be working at this wonderful organization full time and to devote my life for a very good cause.

If not because of cancer, I would not have the chance to spend some time following Dharma Master Cheng Yen in-person.

After all that has happened, I want to thank the turning points in my life, no matter they may seem good or bad at that point in time. These turning points make me who I am today, and these turning points remind me to be grateful at all times. I don't know what challenges I will face in the future, but all

I know is that whatever comes, it will make me a better and wiser person. And in Buddhism term, hopefully I will be more "enlightened" as I continue on this journey in life!

【附錄 2】

生有涯而愛無涯

／歐濟修、陳慈舜

　　病中，慈舜（或濟修代筆）透過臉書分享面對疾病的歷程，與「化病苦為修行」的精神層面提升。這一對年輕伴侶，除了相互關照的體貼之情，還有著影響更多人行善的大愛。以下摘錄部分——

2011 年 6 月 21 日上午 10:45

　　您可能知道、可能不知道，慈舜最近被診斷罹患白血病。她昨天已住進美國希望城醫院，未來三至四週要接受一系列的治療。雖然對她和她的家人而言很痛苦，但她的精神很好，大家都期待她趕快康復。

　　徵得她的同意，我啟動了這個支援群組，相信大家的支持，能陪伴她度過磨難。慈舜，我們愛你，你是勇敢堅強的女孩，加油！

慈舜希望把以下訊息傳給每個人，如果你想加倍祝福她，請考慮下列一種或多種方法，發願以不吃肉挽救更多生命，例如：

1. 每週一天
2. 一個月
3. 一年
4. 一輩子

大家都知道，慈濟是慈舜生命中的摯愛。她患病之前在美國發起「五元的力量」行動，請考慮加入，日行一善，不論大小，創建愛的循環。

請繼續祈禱和祝福，為慈舜，也為你親愛的人、一切眾生和我們的地球媽媽。

慈舜將需要大量的血小板，希望她的家人就可以提供所需。但是，請考慮捐血小板或捐血給希望城或紅十字會，造福更多的人！

也請考慮在希望城或紅十字會登記骨髓捐贈；如果你在臺灣，請聯繫慈濟骨髓幹細胞中心，該中心與希望

城的系統互通。

非常感謝所有朋友！

2011 年 8 月 10 日下午 2:36

我們仍在醫院，但慈舜狀況很好，明天會回家。她有些想法要和大家分享：「首先我想分享的是，我們不應該執著小事。這次生病讓我真的體會生命無常，也體會所有事物都會在一瞬間改變。如果我們能避免執著於小事，就可以活得更自在，避免煩惱，同時沒有放棄核心原則。

第二個感想是，經過那幾個星期劇烈頭痛和噁心，能坐起來或站起來是多大的福報；能吃，甚至能呼吸都讓我覺得感恩！身體健康的你們，請記得要永遠對自己健康活著而感恩。

第三件我想分享的是，爸爸、媽媽、我的家人和濟修超級棒！我很感恩他們為我做的一切。比起許多親人不在身邊的苦難人，我真的很幸運。」

2011 年 8 月 16 日上午 10:07

慈舜精神很好，如往常一樣，很高興回到家。上週六晚上，我們從電視觀看臺北直播的《水懺經藏演繹》，非常精彩。數千名來自臺灣各地的志工，輪流在高雄、臺北、臺中演出。數千名志願者同心協力完成經藏演繹，動作手勢如此整齊精準，真令人覺得不可思議。

這齣經藏演繹包含許多訊息，也有關於素食的重要性。慈舜說，她的後半生絕對會素食，為了環境、為自己的健康，也為尊重生命。她也省思，人很容易以言語傷害人，因此在開口前，用心非常重要；若是不小心，即使沒有惡意，也常會產生誤解，形成惡的循環。

慈舜是非常活躍的「A 型工作性格」的人。這段期間，她盡力專注在復原、休息、接受治療。她說，這是一種訓練自己、修行的方式，學著隨順因緣，專注於當下，而不急著衝出去做事。

我們生命中遇到的每件事，都可以視為訓練或修行的機會。如果能這樣想，生命就會變得更有趣，也才能

真正把握每個機會讓自己更好。

（註：「Ａ型工作性格」的人過分專注工作、競爭性強，這種性格的人健康出問題的風險較高。）

2011 年 9 月 3 日上午 9:50

經過漫長但相當舒適的飛行，昨天抵達臺北。慈舜過去兩天一直頭疼，我們希望不是脊髓問題。如果頭疼變得更厲害，她要在臺北或花蓮做「blood patch（血液貼片）」。

星期二要去花蓮看醫師，星期三接受下一次脊髓液化療（還有兩次要做）。星期二就能回到心靈故鄉花蓮了，真棒！

2011 年 9 月 19 日下午 08:51

今天很忙，看麻醉師、安裝了希克曼氏導管、和移植醫師談話、看耳鼻喉科醫師。

根據醫院的供餐服務，每天可以為病人和陪伴的人

訂餐，每人每餐只要新臺幣五十元。我們今天試了一下，不論味道和分量都相當不錯。當然，一切都是素食，對我們來說再適合不過。

昨天，我們去靜思精舍拜謁證嚴上人，希望在移植之前得到上人的祝福。上人剛好有點時間，所以慈舜和她的媽媽和上人聊了很久。只要看到上人，慈舜就覺得好多了。她本來有點頭痛、覺得不舒服，但是當她看到上人就感覺好多了，可以坐直，說話也毫無困難。

從今天起，慈舜要在醫院待一個月左右，她把這視為療養身體和修行的時間。星期三她會進入隔離病房，開始做移植前的高劑量化療。

2011 年 9 月 24 日上午 11:51

我們現在在隔離室，又可以上網了。慈舜有點喉嚨痛，比原定計畫晚了一天才獲准進隔離室。（當她的免疫系統殲滅時，即使輕微的感冒都會造成危險。）

隔離室內完全無菌，慈舜進去之前，從頭到腳趾頭

都用 beta iodine（普威隆碘）洗過，所有帶來的東西（衣服、電腦、手機、書、CD、DVD 等），也都要在進入室內前徹底消毒。

而我、護理師和醫師，每次進去時都要經過一長串的手續：洗手和手臂，戴上髮網、口罩、鞋套、隔離衣和手術手套。

隔離室外的病房是半無菌的，所以每個人進入病房前都要換衣服，穿上拖鞋，並通過一個通風口。

慈舜已化療兩天了，目的在殲滅她的免疫系統，讓受髓後的新免疫系統能卡位。到目前為止，還沒有出現副作用，沒有噁心、嘔吐、口腔潰瘍，甚至胃部不適。因此，我們非常高興和感恩。

慈舜一如既往精神很好，也因有大家的關愛而非常開心。醫院的伙食都很棒，只要有好吃的食物，她就很高興。在隔離室有一點很好，因為慈舜和訪客之間有雙層玻璃窗隔著，任何人都可以來看她，可以透過窗外的電話聯絡。只要慈舜覺得還好，歡迎大家來訪。

2011 年 9 月 29 日下午 9:46

今天（骨髓移植第一天），慈舜一直不錯。半夜，她突然覺得餓了，向護理師要泡麵和麵包，早餐、午餐和晚餐都吃得很好。她白天有點頭痛和頭暈，是某些藥物的副作用，但還沒有太糟。

慈舜想和大家分享一些想法：「我一直在想，這些護理師這麼好，我也要做個好病人，不給她們增加太多麻煩。濟修幾乎就像個男護理師，所有的護理師都喜歡他。他能在這裏幫忙一些事真好，可以減少一點護理師的工作。

現在，我的體內有大弟緯霖的一部分。我們從小一起長大（只差一歲），什麼事都是一起做。在某種程度上，感覺就像回到童年的美好回憶。大弟很體貼、注重細節、善良而聰明，加上長得很帥、個子高、腿長，希望以後我能得到所有這些特質。

我想特別感恩這些人：感恩爸爸、媽媽準備美味的食物，並幫忙做所有外面的事；感恩緯霖給了我新生命

（也感恩弟媳珮齡幫忙照顧他，讓他的幹細胞保持最高品質）；感恩濟修一直陪著我、照顧我；感恩我的『孿生兄弟』緯恩幫我嘗湯的味道，還大多時候陪著我；感恩慈濟醫院的護理師和醫師把我照顧得這麼好；感恩佛陀和證嚴上人給我慧命，引導我行在正道，使我在這生命歷程能保持積極和快樂的態度；感恩所有的家人、朋友和慈濟志工的支持和祝福。」

醫師說，艱辛的道路才剛剛開始。接下來，慈舜的白血球數會開始下降、生口瘡，以及出現其他副作用，現在也還不知道會不會發生移植排斥。因此，讓我們繼續為她祈禱並祝福，希望她可以走過這條艱辛的道路，而沒有遭遇太多困難。

2011 年 10 月 5 日下午 11:26

今天是第七天，密集的治療終於對慈舜造成影響。她直到中午吃飯時還感覺不錯，但隨後嘴巴和喉嚨開始痛，幾乎無法講話，胃也痛。儘管那麼不舒服，她仍然

（很驚人）可以吃晚餐（八個素菜餛飩和豆腐）。我們
也非常感恩那位整個下午一直陪她聊天、分散她注意力
的護理師。

今天是祖母在瑞典的葬禮。由於我們無法前往，慈
舜和我昨晚在病房裏錄製了 Nat King Cole（納京高）的
〈Unforgettable（難忘）〉，我妹妹在葬禮結束後的悼念
會上放給大家聽了。

我很感恩，昨天晚上慈舜還有聲音可以錄，今天就
不行了。媽媽說，每個人都非常感動，也很驚訝，儘管
歷經好幾個月的磨難，慈舜仍然有那麼美妙的歌聲。

不能參加祖母的葬禮，讓我感到難過，我一直跟我
的爺爺、奶奶很親，但至少我們能做點事，表示我們是
多麼懷念她。

2011 年 10 月 11 日下午 10:21

今天慈舜的胃好一些了，但另外出現一個有趣的副
作用：她的嗅覺非常敏銳，很多氣味變得無法忍受。當

我一如平常在前面房間吃晚餐（這樣感覺我們還是一起用餐），我的食物氣味太重了，慈舜只好叫我出去。

慈舜保持胃口的策略是想像食物的香氣和可口的味道，所以一旦食物送來，她已經準備好要吃了。但這個策略似乎不再有用，因為現在食物送來時，氣味和味道不是她所預期的。因此，過去幾天裏，由於胃的問題與嗅覺問題，她不像以前有胃口，吃得也沒有以前多了。

慈舜說：「期望高讓食欲下降，情緒低落，智慧降低。所以現在的問題是：如何降低期望、如何在這種情況下增加食欲？但有個更大的問題需要思考：如何減少日常生活中的期望，以維持積極的態度並增益智慧。」（慈舜現在在撓她的耳朵，想著：「這倒是個難題。」她需要時間去思考新的策略來對付胃口和生活。）

你看得出來，慈舜思考這個問題，表示她的胃痛肯定已好些了。我們非常希望它會繼續改善！

今天醫師說，慈舜是他看過的骨髓移植病人中，第一個不需要打營養點滴的人，也是輸血和血小板最少的

（三個星期以來，只輸血一次，血小板兩次。大多數患者每隔幾天就需要輸血或血小板）。因此，慈舜喜愛美味素食肯定是福氣，這無疑顯示了優良、健康素食的力量。

2011 年 10 月 15 日下午 10:39

今天，慈舜的胃還是不舒服，但似乎逐漸好轉（至少沒有更壞，表示可能不是移植排斥，因為後者通常會隨著時間持續惡化）。

她的食欲也慢慢好轉，她特別想吃 Caprice Salad（卡披斯沙拉）、Caesar Salad（凱撒沙拉），還有農夫市場的薄餅。她最愛薄餅，甚至把薄餅收錄到〈在第六對相遇〉的短片中。

今天早上，有一場捐髓者和受髓者的相見歡。多年來，慈濟已是亞洲最大的骨髓資料庫，許許多多人都因慈濟骨髓庫而挽回了生命；包括一個瑞典女孩，透過這個資料庫在臺灣找到了配對！

慈舜目前不能出席，她的醫師助理邀請我參加，播放短片，並演唱〈一家人〉。

當我隨慈濟去海地賑災時，也唱過這首歌（當時唱的是法文）。慈舜的媽媽也參與了會議，分享了女兒生病的想法和感受。

2011 年 10 月 16 日下午 10:42

今天慈舜的胃腸問題更改善，她心情好多了，每天都能多吃一點。

有一件有趣的事：慈舜在隔離病房時，護理師說，每當看到她吃東西，食物看起來總是那麼可口，因為她真的很享受每一餐。

有兩、三位沒吃素的護理師對慈舜說，他們不知道素食可以那麼好吃，而且變化這麼多，所以他們正在考慮要多吃素，甚至全素食！

慈舜想跟大家分享：「我是個有福的孩子，媽媽問我：『自你生病以來，整個過程中你到底哭過沒有？』

我的回答是：『我哭過兩次，兩次都是因為您沒有給我想要的食物。』人們可能會因為不舒服或是太疼痛而哭泣，但對我來說，是食物。這就是為什麼前幾天我講到如何降低期望的概念。

你可以說，我是個怪胎──疼痛不會打倒我，生病不會打倒我，但不能享受食物、幫我更快恢復，那是我最關心的問題。所以我的整個注意力都放在這上面。

儘管如此，如同上一次罹癌，我對一切發生在我身邊以及發生在我身上的事，有無盡的感恩。

我認為每件事發生都是有原因的，所以不用總想著它。只要專注於現在必須做的，然後一步一步向前進，希望有一天我會恢復健康，可以像以前一樣再度出去幫助人。

對我來說這是一種修行，因為我從來都不是在家待得住的人。

我想問大家一個問題，請思考──你們生命中現在這個階段的修行是什麼？如果你不是佛教徒，請自行更

改你習慣的用詞；概念是相同的，只是用字不同而已。」

2011 年 11 月 7 日下午 6:34

慈舜想分享前兩天的想法：「骨髓移植後，我感覺就像一個新生兒 —— 免疫系統要重新啟動，一年後，我得再打所有的預防針，還必須避免感染和傷風。

夜晚我也像新生兒一樣，每隔一、兩個小時就醒來，餓的時候，嚴重胃灼熱，疼得非常厲害，所以我的理論是，當嬰兒餓了，胃酸開始作用，所以他們餓的時候會哭；這也是為什麼他們吃奶後會打嗝吐奶，就是由於胃酸的問題。

我覺得能感受新生寶寶的痛苦 —— 試想一下，從媽媽肚子裏出來，到一個那麼不舒服的環境，又要忍受這些胃的問題好幾個月的時間。

現在我真的同情那些小寶寶，你會以為嬰兒應該很輕鬆、很快樂，但如果他們確實要經歷這些事，難怪他們經常在哭。

　　總之，研究顯示，患我這種病的人，孩童的存活率比成人高很多。所以我想，直到完全痊癒以前，我暫時行為和心態都像新生兒倒是好事！」

2011 年 12 月 7 日下午 08:59

　　週一，慈舜看了中醫沈邑穎。沈醫師設法找出導致慈舜肌肉無力的原因，建議我們在公寓裏放個除溼機降低溼度。

　　不可思議的是，開始使用除溼機之後，慈舜的問題改善了。臺灣冬季潮溼的天氣相當可怕，特別是在花蓮。

　　今天是慈舜每週看醫師的日子。好消息是，她的骨髓和脊髓穿刺檢查結果是陰性。唯一擔心的是她的白血球數和血小板數持續下降，雖然還沒到驚人的程度。

　　醫師說，很可能是注入她脊髓液的化療藥物，再加上她目前口服的化療藥物所造成，應該很快就會回升。

　　由於血小板數低，我們必須小心，確保她不會滑倒；我也不能按摩太重，因為她很容易瘀傷。

今天上午，我們去醫院時下著雨，非常潮溼，慈舜的腿又感覺無力了。然而上午稍晚和下午，太陽出來了，加上臺灣東部山脈的美麗背景，真美！這的確是地球上的福地。

2011 年 12 月 19 日下午 2:19

慈舜想和大家分享：「談到類固醇，這幾個星期我一直感覺餓，每餐總吃到完全飽為止。

但事實上，我們只需要吃八分飽，這樣對身體健康最好，無論是對普通健康的人，或是對我。剩下兩分省下來的錢，可以存下來幫助迫切需要的人。

看到關於菲律賓風災的新聞，我很難過，想起兩年前臺灣的莫拉克風災，如果每個人都能存下兩分買食物的錢，累積起來，就可以幫助世上很多苦難人。

這是我努力的方向——繼續享受美味素食，但學會對抗類固醇帶來的過量食欲。這是我在這過程中修行的一部分。」

2011 年 12 月 29 日下午 7:44

慈舜想分享：「我一直專注於其他人、環境，以及自己的修行，從來沒有真正專注自己的身體狀況，現在多虧了白血病，我必須每一刻都監控自己的身體狀況。

這是相當有趣的經驗，因為我的身體不論體內或體外，不同的部位會一直不斷改變。例如，皮膚的色素沈澱改變了、臉上和身體長出細毛、胃和消化道每天不斷變化。我必須每天量血壓、脈搏、體重，每週一次向醫師報告。

希望這樣的經歷使我未來更健康，因為我培養了良好的生活習慣，也學會如何監控自己的健康。如果沒有健康的身體，很多事都不能做。

因此，我們要祝福大家：身體健康、精神好，因為有健康的身體，但沒有積極向上的精神，生命依然會很慘；有積極進取的精神，卻健康狀況不佳，很多事都無法做，這就是為什麼濟修和我要祝福大家在即將到來的二〇一二年身體健康、精神積極向上！」

2012 年 2 月 25 日下午 7:38

本週慈舜還有點感冒咳嗽，大致還可以，此外她也勤於用 Wii-fit（電玩遊戲）做室內運動（外面在下雨，無法到室外走路）。

她的頭髮終於長出來了，頭頂頭髮稀少，倒是後腦的頭髮多些，在瑞典我們把這種髮型叫做「曲棍頭」。有趣的是她以前頭髮是直的，現在卻變成捲髮了，不知道以後長長了會是什麼模樣？

慈舜有一天說時間過得真快，移植手術轉眼已經五個月了，她說：「我覺得最近做的事太少，這是從我六歲入學以來，『放鬆』最長的一段時間。」雖然她說做的事太少，其實她正在校對譯稿；雖然她不能出去，其實已經開始做志工了。

2012 年 3 月 6 日下午 1:49

大家好，我是慈舜，濟修最近工作比較忙，而我也覺得還不錯，（感恩花蓮的陽光和溫暖，睽違了幾個月

終於出現了），所以我要寫下一些想法和大家分享。

我的近況是：首先，我很好，只有關節不怎麼舒服，如果太冷或太潮溼就會痠痛，像是五歲的嬰兒卻有老人病。其次有些過敏，可能是因為花粉或粉塵等。除了這些以外，大致都還可以。總之我是加州女郎，只要有陽光就感覺棒得不得了。

上星期六，我移植手術後第一次回到靜思精舍拜見證嚴上人，和我的奶奶、外婆、濟修、父母親和嬸嬸一起。能回到心靈的故鄉，有機會和上人簡短談話，感覺真好。

上人讓我分享術後的心得，我才一開口，就哭了出來。我哭，是因為不久前我在臉書上曾提到的那位年輕人（他只小我幾歲，同樣是白血病，也接受了移植手術），他的白血病又復發了，我聽了心裏好難過，因為他不太可能再做骨髓移植了。

證嚴上人聽後告訴我，各人有各人的業。上人說：「有人命雖不長，卻是有意義的人生；有人命雖然很長，

卻沒做什麼有意義的事；有人命長也過得很有意義；也
有人命短而且沒意義。」

我想，這就靠我們自我抉擇要過什麼樣的人生。上
人還說我和很多人結了善緣，得到很多人的祝福，我是
有福的人；只是因為我的基因（佛家叫做「因」），所
以才會得到白血病和腮腺癌。

我也提到我的夢境，有時候我會夢到上人到某處去
開示或是助人，我卻還穿著睡衣，或是必須趕快趕上，
跟著上人去助人。我猜我是太想早日康復，早日追隨上
人去做慈善和助人了。

可惜我們的談話不得不中止，因為一群同仁和志工
來向上人報告慈濟在泰國的賑災行動。上人再次叮嚀我
要小心（因為白血病要很長的時間才能恢復，必須注意
不要受感染或受傷），上人更叮囑我要照顧好自己的心
靈（我想雖然在肉體上需要長時間的恢復期，但上人也
提醒我在這段期間要努力修行）。

總之，我得到無限的祝福也很感恩，雖然有時我會

忘記，還好身邊總有人時時提醒我，我真希望能和那位年輕人分享祝福，我唯一能想到的，是期望大家能透過臉書祝福他。感恩。

2012 年 4 月 2 日下午 4:05

大家好，我現在回到臺北了，空氣沒有花蓮好，噪音也比較多（我想我現在比較習慣花蓮的寧靜祥和），可是臺北的食物太可口了，這兩天可讓我吃足了美味素食。可是我不像以前那樣吃得那麼多，我想開始學習「日食八分飽，兩分助人好」的藝術。

回想過去九個多月罹病、接受治療和移植的這段期間（哈哈，好像懷孕一樣，九個月），很訝異體重竟然都沒降，好像也不記得有什麼很大的病苦，我太有福了，感恩大家給我的祝福。

我也回想著上人的話——生命的長短、有意義或無意義。我想關鍵在於如何在活得長和做有意義的事之間取得平衡。

　　以前，我似乎光在做有意義的事，完全沒關心「長壽」這部分。我實在應該好好想想，如何在做有意義的事和「試著」讓自己長壽之間取得平衡。（這就是個壞例子──回到臺北這幾天，我都睡得很晚，我想這對試著長壽來說，真的很不好，我得提醒自己早睡和多運動。）

　　濟修現在在瑞典拜訪家人和朋友。我查了一下斯德哥爾摩的氣象：攝氏零下，天呀，臺北這裏是攝氏二十八度耶！

2012 年 5 月 3 日下午 10:35

　　大家好，我有個不太好的消息，上次的 BCR-ABL（費城染色體定性）檢測，結果是陽性的，顯示在一萬個基因（費城染色體）中，約有四個不正常。醫師說如果一千個中有一個不正常，就真的很糟。還好我的測試是屬陽性的，只有萬分之四，還有足夠的時間和「武器」對付這些微量的餘病。

目前的治療計畫是恢復服用 Gleevec（口服化療），並加速漸減抗排斥藥物，以增強免疫系統。

我很驚訝發現有微量餘病，因為我一直被照顧得很好，以前的檢驗結果都是陰性反應。然而，好消息是檢驗結果還不算太糟。我很感恩不是最壞結果，我還能「對抗」這些頑固分子。

我問醫師該如何配合增強免疫系統？多休息？多運動？醫師說，要運動，但不能過量，而且我不應該過度工作（我可沒有──自從感冒或因這些微量餘病，我常感疲倦，已經夠「懶」了，沒做什麼事）。

至於情緒方面，我的感覺？我的確有點意外，現在腦子裏一片空白……但只要發現自己覺得有一點沮喪或腦袋空空時，就會提醒自己要感恩情況還不是太壞，許多人遭遇比我更大的痛苦，情況比我更糟，我實在應該感恩，這麼早就發現了這個問題。

也許你們有人會問，能為我做什麼？一如既往，您可以實踐濟修先前提到的幾個方法，來為我祝福和祈

禱。只要您做對地球媽媽或別人（包括您自己）有益的事，就是給我最好的祝福了。

2012 年 5 月 6 日下午 12:59

大家好，感恩大家的祝福和訊息，我真的非常感恩。

醫師說，骨髓移植病人有微量的白血病細胞殘留體內，並不少見，只不過在免疫系統運作正常時偵測不到而已，一旦免疫系統變弱，就可以偵測到這些白血病細胞了。

所以，最重要的就是增強我的免疫系統，保持健康，加上繼續服用化療藥物（現在開始得服用一年），同時減少服用抗排斥藥物，希望不再偵測到這些頑固的細胞。

過去這幾天，我並不感到悲傷或憤怒，而是一片空白，似乎覺得一小片烏雲覆在頭上；接下來則感到有一點沮喪，因為又必須和這些頑固分子奮戰；再接下來就是感恩，感恩我的情況不是最糟，和別人比起來，我的

情況還不錯，我已經很有福報了。

　　自從我得知罹患癌症和復發以來（這已經是第四次了──第一次是二期腮腺癌；第二次是發現腫瘤復發，必須動更多手術；第三次是發現罹患白血病；這次是第四次了），我從未像電視上所演的那樣顯得悲傷或憤怒，我猜我的心和腦都不會有那樣的反應。對我來說，這些病痛和挑戰只會讓我變得更堅強、更決斷、更理性、更正向。

　　昨夜我注意到頭頂的烏雲消散了，我開始看到一縷陽光，我真的感到快樂，甚至在入浴和睡前哼唱了起來，所有的沮喪和烏雲一掃而空。我體悟，有兩件事讓我被烏雲籠罩了幾天，一個是我起了懷疑，試著想通為什麼這些壞細胞會再次出現；我愈懷疑、愈是問「為什麼」，沮喪和烏雲愈大。所以我不再問「為什麼」，只是試著隨順因緣，試著了解萬事皆有因，我們必須向前看，不用頻頻回頭。

　　其次，提到頑強的癌細胞時使用「奮戰」一詞，真

的讓我更感沮喪，感覺像「哎呀，糟了，我得和它們一戰再戰……」我確定，當我說要和頑強的細胞「奮戰」的時候，它們也不喜歡這樣。我發現只要維持愉悅和感恩的心情，不論發生什麼都願意接受，並試著和它們和平共存，我就不會再感覺沮喪和烏雲罩頂了。

我仍在努力找到如何和這些突變細胞，以及白血病細胞和平共存。我想，大概需要花一些時間才能想出辦法，如何能日日和它們和平共存，並把這些辦法付諸實施。

感恩做我的好「聽眾」，閱讀我的分享。能寫下我的想法與人分享真好！有時會忙於日常工作，忘了坐下來自省，並與周圍的人分享想法。我覺得撥點時間，定期分享想法真的很重要！

2012 年 6 月 1 日下午 2:55

感謝大家的祝福和祈禱，我今天感覺好多了。經過四天的疼痛和不適，主要是頭痛、胃痛、想吐、頭暈、

睡眠不足和食欲不振。我想週三醫師給的藥奏效了，我也一直在睡。

下週一我將開始新一輪的骨髓穿刺，檢查是否有白血病細胞。做完骨髓穿刺會有兩天不舒服，但是我已經習慣了。

我只是把這看作是舒服睡一覺的機會，知道身邊有醫師和護理師照顧我。（我必須每個月或一個半月做一次骨髓穿刺，密切監測白血病細胞。）

另一個骨髓移植病人與我分享，移植後的最初幾年，進幾步和後退幾步是正常的。不過，她說，當我覺得不錯的時候，運動和放鬆很重要。

我對運動這部分仍然很懶，我喜歡和人一起打乒乓球、排球、籃球、壘球、高爾夫球等，但自己一個人做運動就不怎麼來勁。

我想，吃有助於「建立」我的免疫系統，而且可以在身體儲存一些多餘的「肉」，為艱難時期做準備。我總是對媽媽開玩笑，她應該很感恩有個愛吃的女兒，有

點小胖，不介意外貌醜或禿頭。如果我不喜歡吃、很瘦、喜歡外表漂亮，不知道還會不會「活過」所有這些治療和疾病？

2012 年 6 月 8 日下午 1:47

我沒坐在電腦前已經有一段時間了。上週末感覺很糟，四、五天之後感覺好多了。這個星期一我做了骨髓穿刺，做完之後三、四天感覺很不舒服，昨天才開始感到好多了。

昨天晚上，我很開心感覺舒服了，不再痛了。真令人驚訝，只是覺得更「正常」、沒有痛楚，就可以那麼開心！

我猜對於「正常」的人，可能不覺得感覺「正常」、沒有痛楚有什麼好慶祝的。然而，對於不能每天「正常」的人，「正常」是種奢侈，每一個覺得「正常」、沒有痛楚的日子，都值得珍惜和慶祝！

醫師昨天說，我的骨髓穿刺檢查結果很好 —— 根

據檢驗結果，沒有白血病細胞的痕跡。然而，仍需等待 BCR-ABL 檢驗結果，這是比較敏感和詳細的測試。

2012 年 8 月 24 日下午 3:26

剪髮後，我的頭髮看起來更「平順」，之前真的又毛又捲，像黑人頭。現在因為服用口服化療藥，眼睛和臉有些部位每天都很浮腫。

另外，我要「促銷」骨髓移植：移植手術後，除了擁有捲曲、波浪形的頭髮（無需花錢燙髮），現在我的肌膚也變得非常柔軟美麗（效果相當棒，像嬰兒皮膚一樣），還有，腿變細了（像我的捐髓人大弟一樣）。

除了外貌的改變，還有額外的收穫，就是接受移植手術，隨之而來的正向修行和自我意識增強。（這些都是跟媽媽談話時想出來的「行銷策略」，哈哈！）

當然，我不是鼓勵大家生病。但是，如果碰巧你生病需要移植，可以看正面、好的東西，而不要總專注在不愉快的部分。

2012 年 9 月 28 日下午 04:46

嗨，大家好！中秋節快樂，同時也祝我「生日快樂」（今天是我骨髓移植一周年）。

對我來說，是既快樂又有點悲傷的日子。

快樂，是因為骨髓移植一年後，我還活著！（有些人在骨髓移植手術後很長壽，但有些活不到一年。）

有點悲哀的是，原本我想像自己這個時候是在慈濟人醫年會中幫忙，因為醫師原先預計這個時候我已經不需要用抗排斥藥了。然而，由於一些微小白血病細胞的痕跡，加上移植排斥的問題，骨髓移植一年後，我仍然在服抗排斥藥。可能還要數個月才能擺脫抗排斥藥，然後還要六個月至一年，來恢復免疫系統的功能。

但總的來說，我覺得很有福報、很感恩！經過這次經歷，我再一次學習，有「預期」也許並不那麼好。有最好的期望很好，但不要太早設下預期或目標（特別是對我這樣的人）。

我認為這是我要學習的課題；從年輕開始，我是那

種總喜歡事先規畫和設置一堆目標的人。我覺得這個病和我經歷的事，在某方面教我要少點預期，不要設定那麼多目標。

反之，也許我真的應該學習如何隨遇而安、隨順因緣（這是我需要向濟修學習的，他這方面做得很好）。其實，這一整年我一直在努力提醒自己要這樣，但還是不時回落到我原來的模樣。

濟修的父母本星期來訪。雖然我還在感冒恢復期，需要不時休息（所以我不能全程陪他們），但他們來訪，和他們面對面聊了很久，感覺真好。有瑞典的公公、婆婆真好，哈哈，其實是有 Anders（安德斯）和 Gunn（岡恩）他們兩位作為公婆很棒！

2012 年 11 月 1 日下午 08:46

我們在醫院，慈舜剛剛做了骨髓穿刺。在過去幾個星期裏，慈舜的胃有問題，而且最近幾天胃痛、腹瀉。

昨天上午，她的大便裏有血，所以我們立刻去急診

室。午後，她做了結腸鏡檢查，顯示有很嚴重的結腸炎和胃炎，可能是移植抗宿主病。

今天早上，我們回去做抽血檢驗，結果顯示她的白血球數超高，比正常高出十倍，且幾乎是她第一次罹患白血病時的一半。所以，醫師決定馬上做骨髓檢驗，檢查是否白血病復發。

慈舜說，她很抱歉帶給大家這個壞消息，但她也有好消息：首先，她很高興便血不是因為結腸癌（這有家庭史，所以她很擔心）。另一個好消息是，今天她的乾兒子誕生了，一個很可愛的小男孩。在這之前，她有兩個乾兒子和一個乾女兒。

讓我們祝福慈舜和她剛出生的教子。一如既往，感恩大家的支持。

2012 年 11 月 22 日下午 7:29

也許你們有些人想知道我現在是怎麼過日子？我睡在慈舜病床旁邊的摺疊椅，晚上每次慈舜需要起床，我

會陪她（因為她的血小板數低，絕對不能跌倒，而她晚上用的藥讓她暈眩，所以起床時需要有人扶持）。起初更糟，她晚上打很多靜脈點滴，每隔兩小時就要起床。現在每晚只有幾次叫醒，已經比較好了。我想這幾乎就像有個新生兒⋯⋯

　　白天，慈舜的媽媽在醫院陪她，我回家休息一下並工作。我通常每週兩次去臺北見我的同事，但現在慈舜處於這麼不穩定的狀態，我不敢冒風險，怕在火車上或在工作中傳染到傷風或流感，所以我盡量在家工作，有時會有點寂寞。這時候，我就特別感恩今日的科技，如電子郵件、Skype 和視頻會議等，讓我仍然跟我的同事保持密切聯繫。

　　非常感恩大家持續地支持和祝福，一有更多消息，我們會盡快讓大家知道。

2012 年 11 月 27 日下午 6:51

　　昨天慈舜接受復發後的第一劑化療。劑量溫和，不

是非常強的化療，所以她幾乎一整天都不錯。今天她有點累了，但她認為主要是因為眼睛乾澀。所以，到目前為止，一切順利。

　　明天會用比第一劑較重劑量的化療。據醫師說，副作用主要是化療第二天會很累。她的血值可能會再次下降，過去一年，她的頭髮慢慢長長了，現在很可能會再次掉髮。不過沒關係，她沒有頭髮也很可愛。希望她在週末就會感覺舒服，如果天氣好，她週末就可以到外面走走。

　　上週日天氣真的很不錯，陽光溫暖，所以慈舜和她的父母走出醫院，在靜思堂四周美麗的環境漫步。能到室外，身體感覺到陽光，讓她覺得真好。距離上回她走出室外，已經有很長一段時間了。

　　昨日，慈舜開始變得比平時更容易緊張，不知道是否因為類固醇，或是因為她必須接受化療，或許又要做骨髓移植。媽媽提醒她，在任何情況下，她都需要不斷對癌細胞運用她的座右銘「要愛每一個人，不放棄任何

人」，並感恩化療。

她應該不斷對壞細胞說，要它們變好，並幫著引導化療和大弟的細胞到適當的地方去，這樣就會幫她感到更鎮定，更專注於復原，同時也幫助她痊癒。

2012 年 12 月 21 日下午 5:08

親愛的朋友們，我們仍然沒有什麼大消息。慈舜依舊持續沈睡（是的，她總是服用鎮靜劑，不讓她清醒，否則她會感覺到穿進肺部與胃的管子而很不舒服）。

今天，醫師說和兩天前相比，X 光顯示已大有進步，那是非常好的消息。壞消息是發燒似乎並未好轉，即使他們已經減少抗生素。

她並不是一直在發燒，但是來來去去，一天有一次或兩次，她燒到三十九度或是更高。退燒藥很有效，這是好事，雖然作用緩慢，那是由於她的消化非常慢。因此發燒是可以控制的，只不過讓人擔心，因為還找不出發燒的原因。

醫師們在測試每一種想像得到的病原，而除了導致肺炎的漿細胞前體以外（但是隨著她的肺部情況大幅改善，這時候不應該是因為肺炎），沒有任何東西顯示出陽性反應。也許我們只是必須等待……

我也正在看證嚴上人對《無量義經》的解釋，在其中可以找到許多智慧，都可運用在我們目前的處境上。

最後，先祝大家耶誕佳節愉快。在佳節期間，許多人忙著思考要送家人和朋友什麼禮物，請多想想如何去幫助那些有需要的人？有那麼多組織想要讓世界有所不同——我個人最愛的當然是慈濟，但也有很多別的社區或國際組織需要我們的支持。

在花蓮的我們祝大家佳節快樂。

2013 年 1 月 6 日下午 4:20

今天我以一顆非常沈重的心寫給大家。慈舜的情形不好，不談太多細節，她仍然受發燒之苦，上星期她的肺部 X 光看起來好了一陣子，現在又惡化了。

如果這時候你們想要真的做什麼對慈舜有意義的事，我想請每個人按照慈舜表兄弟的例子，做為期七天的「茹素之旅」（或是兩星期、一個月或一百零八天，只要你感到最適合自己的）。

素食包括蛋與奶製品，但當然不包括魚。慈舜總是關心保護生命，茹素是你在她最困難的情況下，表現對她的同情與支持的一種美妙方式。

抱歉，這次我無法寫更多。感恩大家的支持、祝福與祈禱。

2013 年 3 月 30 日下午 10:04

親愛的朋友們，這會是我最後一次用慈舜的臉書給各位寫信。

大家都已知道，慈舜今天上午九點二十二分離開了我們。她走得非常安詳，沒有任何痛苦，家人都陪在身邊。我無法表達我多懷念她，也無法表達多感恩這些年我們共度的歲月，感恩她教我的一切，感恩她耐心、用

心引導我看見生命中真正重要的事。

要感恩的人太多了，我不可能都提到。首先，感恩慈舜不可思議的家人在這段期間一路支持。我真的感到自己是他們的兒子和兄弟。感恩我的家人雖然遠在瑞典，卻總是護持我。感恩慈舜所有的醫師，他們試著挽救慈舜，所做的遠超過任何人能夠要求的。感恩所有在慈舜病中，像姊妹一般照顧她的護理師們。最後，感恩你們，我們親愛的好朋友，感恩你們的支持、鼓勵、祈禱、愛與祝福。

我們每一個人都曾受慈舜感動。讓我們記得她如何觸動我們，並在內心留住那分感覺，讓我們每一個人延續她的慧命──讓世界變得更好。

非常感謝你們！

2013 年 4 月 1 日下午 8:46

親愛的朋友們，今天，我們以美好的追思會向慈舜做最後一次的告別，也再想起她曾透過音樂、文字與慈

善工作，甚至透過她開朗、快樂、生氣勃勃、慈悲與關愛的精神，觸動過多少人的心。

她真的是我生命的典範與導師，我要盡自己一切所能延續她的慧命。一如你們許多人已表示過的，慈舜並沒有離開，因為她的精神依然活在我們心中。

我也想要為各位的哀悼、分享對慈舜的想法和回憶以及她如何觸動了你們，表達我最深的感恩。我非常願意繼續開放這個社群，不僅繼續分享我們對慈舜的想法和回憶，也繼續分享如何在我們自己的生命中延續慈舜的精神。

慈舜一直在啟發著我們許多人——讓我們繼續受到啟發！

【附錄 3】
禮讚與感恩

彷彿又聽到你那甜美的聲音

唱出你精彩亮麗的生命

歌聲中充滿你溫柔的叮嚀

思念已化為大愛的延續

彷彿又看見你那飛揚的身影

流露出至情至性的生命力

陽光中沐浴著智慧的毅力

菩薩已回來　遊戲在人間

美國慈濟人

敬愛的菩薩家人

您們對慈舜的愛令我們感恩不盡

慈舜的生命因為您們的成就而寬廣

分秒勤精進和臨命終不顛倒的勇氣

生生世世靜思法脈慈濟宗門的毅力

成就她在觀世音菩薩聖誕日往生與誕生

在普賢菩薩聖誕日圓滿大體捐贈

往生更衣時無須助念就柔軟似大布娃娃

圓滿捐贈後更衣時像一尊菩薩

白皙柔軟的皮膚和淺笑的嘴角

是大願已圓滿的歡喜

孝順的她做到讓雙親傷心也難

取而代之的是為她歡喜與祝福

恭祝平安吉祥 日日好日

濟璿慈瑢濟修 感恩合十

國家圖書館出版品預行編目(CIP)資料

伊如陽光Amazing Grace／李憶慧著 ─ 初版
臺北市：慈濟傳播人文志業基金會，2020.07
316面；15×21公分 ─（水月系列；12）
ISBN 978-986-5726-94-2（平裝）
1.陳伊瑩 2.臺灣傳記
783.3886　　　　　　　　　　109010359

水月系列 012

創　　辦　　人／釋證嚴
發　　行　　人／王端正
平 面 媒 體 總 監／王志宏

作　　　　者／李憶慧
插　　　　畫／蘇芳霈
主　　　　編／陳玟君
企　畫　編　輯／邱淑絹
特　約　編　輯／吟詩賦
執　行　編　輯／涂慶鐘
美　術　指　導／邱宇陞
美　術　設　計／Chlo
出　　版　　者／慈濟傳播人文志業基金會
　　　　　　　　112019臺北市北投區立德路2號
編 輯 部 電 話／02-28989000分機2065
客　服　專　線／02-28989991
傳　真　專　線／02-28989993
劃　撥　帳　號／19924552　戶名／經典雜誌
印　　　　製／新豪華製版印刷股份有限公司
經　　銷　　商／聯合發行股份有限公司
　　　　　　　　231028新北市新店區寶橋路235巷6弄6號2樓
　　　　　　　　02-29178022
出　版　日　期／2020年7月初版一刷
　　　　　　　　2020年8月初版二刷
定　　　　價／新臺幣320元

水月

系列

水月
系列